犬たちの心の声が教えてくれること

ゆりあ
優李阿

KKロングセラーズ

まえがき

太古から続いてきた〝人間と犬〟との絆の深いパートナー関係。
人間と犬とのつながりは、今から約一万年以上も前の時代に始まったと言われており、特に付き合いが長いことから、犬は人と最も相性が良いペットとも言われています。人間の生活に密接に関わる動物として登場するのは、決まって犬です。人間との長い付き合いの中、犬は多種多様な種類へと変化を遂げていますが、いずれにせよ、人にはなくてはならない存在になりました。

私は小さい頃から動物が大好きで、身の回りの不幸な境遇にある犬や猫をできる限り引き取り、動物たちと助け合って暮らしてきました。小さい頃から第六感が冴えていた私には、普通の人には見えない物が見え、聞こえない音が聞こえるというサイキック能力があり、気付けば色々な動物たちと言葉ではなくテレパシーで会話をしていました。幼少期から難病になり、身体が弱くなかなか思うような生活が送れなかった私は、同志である身近な犬や猫たちと共に力を合わせてがんばって生きてきました。

私はこれまで、『猫たちの恩返し』（ＫＫロングセラーズ）のシリーズに代表されるように、猫に関する多くの本を書いてきましたが、振り返ってみると、これまでご縁があってたくさんの犬も飼ってきました。そして人生の転機には、必ず犬が傍にいて見守ってくれていました。犬は私にとって、なくてはならない大事な存在で、大親友であり、心の友でありました。共に生活する中で、犬たちは幼い私の感受性を豊かにしてくれ、命の大切さを体当たりで教えてくれました。

ちょうど一〇年前、『涙がとまらない　犬たちからのメッセージ』（ＫＫロングセラーズ）が二〇一四年一二月に出版されて、かなりの反響がありました。この本で、犬にも感情があるということを多くの方々に理解していただけたと思います。

私は、言葉をもつ人間の言いたいことはもちろん、犬や猫などの動物たちの言いた

いことも、テレパシーによる想念伝達によって、ある程度読み取ることができます。なぜなら、言葉をもたない動物たちにも心があるからです。当たり前ですが、命あるものは皆、心を持ち合わせています。だから、想念伝達で心を読み取ることは、人間に対しても動物たちに対しても同じことなのです。

ただし、人間は心の中で思うこととは裏腹に、平気で嘘をつくことがたくさんあります。人間は心の中と言動が一致しないもの。でも、動物たちは、裏表がなく真っ直ぐな心を持っており、嘘をつくなどあり得ません。特に犬は、嬉しかったら尾っぽを振って、怒っていれば吠えて、感情をそのまま伝えるといったとても素直な生き物です。

この本を手掛けた当時、私は難病で闘病生活をしている最中で、次々と押し寄せる病に苦しんでいました。この本が出版された後も入退院を繰り返し、過酷な治療が続きましたが、不思議と治療の効果が出て奇蹟的な回復を遂げ、二〇一五年八月に退院して今に至ります。それから病気は落ち着き、現在に至るまで全く入院しておらず、やりたいことをしています。退院後も体調よく過ごせるのは、自分が倒れては動物たちが困るという気力と、彼らから与えられる生きる力と癒しのパワーのおかげに他なりません。私が彼らを助けたつもりが、実は彼らから頑張るエネルギーをもらい助けられていたのだと、振り返ってしみじみ思います。

その後も病気自体の治療はずっと続いていますが、なんとか入院することもなく良い状態を保って元気に活動しています。そして、さらにパワーアップして怖いものなしの強運体質になりました。

振り返ってみますと、退院してからが私の本当の人生の始まりだったと言えます。入院中、もし生きていたら、体調がよくなったら実行しよう、と心の中で企てていたことを、自由な身になってようやく実行することができるようになりました。人間、体力とやる気があれば何とでもなるものだと実感したものです。

その一つに、『保護犬タック命の奇蹟』（ＫＫロングセラーズ）に載せている、殺処分前日に危機一髪で保健所から引き取って、警察犬の試験を受けるまでに成長したタックのことがあります。

タックは人間に裏切られ捨てられましたが、愛情を注いで育てていくにつれて、飼い主である私に忠誠を誓い、無償の愛を注ぎ続けてくれるようになりました。犬は、大きな愛を持っている無邪気な生き物です。犬たちの持つ愛の大きさや深さは、人間よりも大きいといっても過言ではありません。犬は一度裏切られたからといって心を閉ざすのではなく、飼い主に愛を注ぎ続けます。犬たちは、愛する飼い主さえいればそれでご機嫌なのです。

「ワタシを見ていて！　あなたが大好き！　ずっと一緒にいたいよ！」

それだけが犬達の想いであり願いなのです。犬のように大きな心で愛することを学びたいものです。

しかし、社会にはこんな簡単で小さな願いすら叶えてあげられないような、情のない人間達がたくさんいます。全身全霊で、必死で生きようとしている彼等の命を奪わないでください。どうか聞こえない心の声に耳を傾けてあげてください。犬たちは飼い主に見捨てられたら生きていけないのですから。

無条件の愛を注いでくれる小さな天使達に、少しでもいいから愛を与えてあげてください。ほんの少しの愛をもって手を差し伸べる、それだけでいいのです。たとえ一匹の犬を救ったとしても、世の中は何も変わらないかもしれない。でも、この一匹の子にとっては犬生がガラッと一変するような、地獄から天国に変わるくらいの大きなことなのです。

この本は、命と愛の大切さを犬たちのメッセージを通して伝えていきたいという思いから生まれたものです。人と犬との関係を、様々な角度からしっかりと見つめて書きました。

私自身は何もしてあげることはできませんが、動物たちの叫び声を媒介としてなら伝えることはできます。犬たちの心の声を読み取る能力と、これまでの私の人生の中の様々な逆境を乗り越えた体験を通して、この本は出来上がりました。

犬も猫も体当たりで、生きることの意味を教えてくれます。私たちはいつも、人間の身勝手で捨てられた動物たちの味方でいたいものです。

この本の第3章と第4章に載せています、ジャックとプリンスは、この夏に続けて眠るように亡くなってしまいました。この本のリニューアルの話はプリンスが亡くなった次の日に突然舞い込んできました。悲しみに明け暮れていたさなかの青天の霹靂、そのタイムリー過ぎるシンクロに驚くとともに、落ち込む間もなく感激で涙があふれてきました。最初は不遇だったけれど、我が家で生き抜いた、彼らの犬生の過程をもう一度世の中に伝え直すチャンスなんだと。彼らの体当たりのサプライズに応えるように、ジャックとプリンスに追悼の意を込めて書き上げました。

さあ、動物たちからの愛と魂の絆のメッセージを一緒に受け取りに参りましょう。

それでは、犬たちのメッセージの感動的なストーリーの始まりです。

二〇二四年九月

優李阿

目次

第2章 プーちゃんは待っていた

第3章 九死に一生を得たジャック

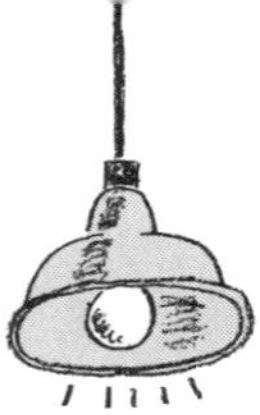

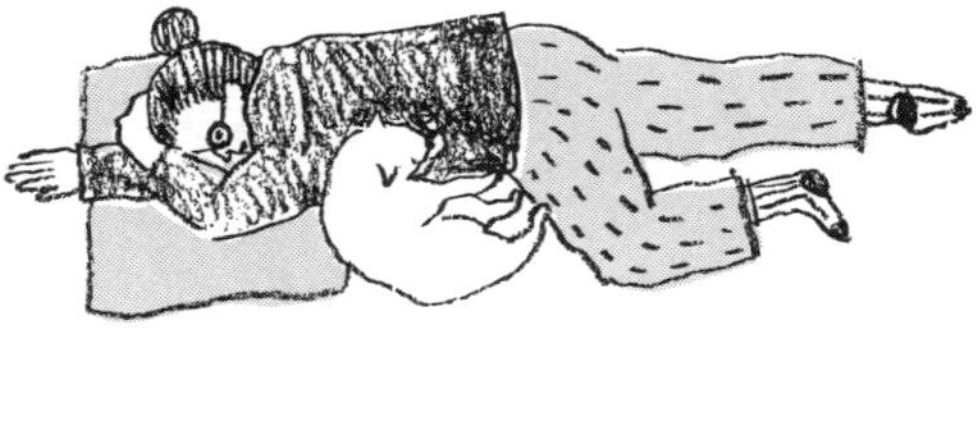

序章

犬を飼うまで

私は物心がついたころから動物が大好きで、猫や犬が一緒にいれば、それだけでご機嫌な子供でした。

赤ん坊のころも猫たちが私の子守役で、私の横で初代の猫が寝ていました。

小さいころからおもちゃよりも何よりも、とにかく猫が大好きで、いつも猫のまねをしていました。

幼少期まである公園の近くのアパートに住んでおり、そこで私の人生観が確立したといっても過言ではありません。

その公園には野良猫がたくさんいて、私は「猫の親分」と称して、野良猫たちを引き連れて遊んでいました。

そこには、ダンボールに入れられて子猫がよく捨てられていたのですが、ダンボールごと子猫たちを連れ帰っては親に叱られて。それでもまったく懲りずに、拾ってきてはもらい手を探したり、内緒でこっそり飼ったりしていました。

そんな猫が大好きな私でしたが、犬も好きでした。でも、犬は吠えるのでアパートでは内緒で飼うことができず、あきらめていたのです。

そんな寒い冬のある日、白い老犬のプードルが公園に捨てられているのを発見。でも、どうすることもできません。

ところが、それから数日経ったある晩、とても不吉な予感がして、

「あのままにしていたら死んでしまう、どうにかしなくちゃ」

と思いなおして駆けつけてみると、公園のベンチの横で冷たくなっていたのです。助けてやることができなかったことを、今も後悔しています。とっても可哀そうな結末となってしまいましたから。

『涙がとまらない猫たちの恩返し』（ＫＫロングセラーズ刊）にもこのお話は載せていますが、それからすぐ、また追い打ちをかけるように、信じられないような事件が起こりました。


当時、父母と私の家族三人が住んでいたアパートの斜め裏に、若い夫婦が住んでいて、そこに三歳くらいの男の子がいました。お母さんは二人目の赤ちゃんが生まれた

ばかりで、目が離せなかったのでしょう。まだ小さいのに、その男の子はいつも一人で赤い三輪車に乗って道路に出て、ヨロヨロと走っていました。

そして、なぜかはわからないのですが、私は赤い三輪車がひっくり返って、そこに男の子がいない映像を何度も見たのです。なんだかとても不吉な予感がして……。

幼稚園児だった私は思いきって、その男の子に
「危ないから、一人で外に出ちゃだめよ。絶対にだめよ」

と怒ったように、きつく言いました。

しかし、相手はまだ小さな子供なので、そんなことを聞くわけもなく、それからも三輪車に乗って、一人で外に出ているのを何度も目にしました。


それからすぐ、事件は起こります。

その男の子は、池で溺れて亡くなってしまったのです。

少し遠くに池のある大きな家があり、その池には鯉が泳いでいたのですが、男の子はいつもの赤い三輪車でそこまで行って池に入り、取り返しのつかないことになって

しまったのだそうです。

私は、ちょうどそのとき幼稚園にいて、迎えにきてくれた母から、そのショッキングな出来事を聞かされます。

「ああ、あのとき、もっとあの子に注意していればこんなことにならなかったのに」

なぜ赤い三輪車が転がっている映像が見えたのか、当時はわかりませんでしたが、今考えてみると、私には幼少期のころから予知能力があったのだと思います。

自宅のアパートの裏から、泣き叫ぶ男の子のお母さんの声が聞こえてきて、それが耳に焼きつき、子供ながらになんともやり切れない気持ちになったことを覚えています。


亡くなってしまった白いプードルも男の子も、私がもっとどうにかしていたら、未来が変わっていたかもしれない。もしかしたら生きていたかもしれない。

そんな後悔の念ばかりが頭の中をグルグル回って、頭がおかしくなってしまいそうでした。

そんな無念で悲しい出来事もあって、私の両親も居心地が悪くなったのか、なけなしのお金を頭金にして引っ越すことになりました。そこは、いくらでも動物が飼えるくらい広い、今も住んでいる家です。

そして、そこで早速飼ったのが、チョンキーという不思議な犬でした。

第1章

弔う犬

~初代チョンキーとの不思議な話~

チョンキーとミーコとの出会い

私の家には、昔、チョンキーというとても不思議な犬がいました。柴犬の雑種で、ひょんなことからもらってきたのですが、亡くなった犬がいれば走っていって弔《とむら》う、そんな変わった犬でした。

今住んでいる家に八歳のときに引っ越してきて、それからすぐご縁があって犬と猫を飼いました。

家からちょっと離れた、遊具がある公園に遊びにいったとき、当時、月に一度開催されていた犬と猫の譲渡会で出会い、引き取った子です。その譲渡会には、たくさんの犬と猫がいました。子犬も子猫も、大人の犬も猫も。

市の職員らしき人に、この犬と猫たちはどうなるのかと聞いてみたら、

「今日は日曜日だから、明日の月曜日には処分する」と言われ、頭を殴られるような

ショックを受けたことを覚えています。

この子たちのほとんどが死んでしまうのか……。

想像するだけで具合いが悪くなり、遊びにきたはずなのに、一気にブルーな気持ちになってしまいました。


そのとき、ケージの中のある子犬と目が合いました。そこには五匹の兄弟らしき子犬たちがいたのですが、そのなかの一番小さな一匹が、私に想念伝達で助けを求めるメッセージを伝えてきたのです。

「オレの兄弟は、みんな器量よしで賢いし、人懐っこい。オレだけ、一番小さくて目立たないし、なんの取り柄もない。何もいいところなんてないんだよ。誰からも選んでもらえない奴は、悲しい結末をたどることになるんだ。オレだけが必ず残ってしまう。だからお前さん、連れて帰ってくれよ」

と言うのです。

とりあえずメッセージは聞いたものの、どうしてよいのかわからない複雑な気持ちのまま、とりあえずは公園で遊ぶことにしました。

でも、あれだけ楽しみにしていたのに、お弁当を食べても、観覧車やジェットコースターに乗っても、その犬と猫たちのことで頭がいっぱいで、気になって気になってしかたありません。

遊ぶのをすぐにやめて、譲渡会のところに駆け戻ってみると、やっぱり、あの小さな貧相な子犬だけが残っていました。幸いなことに、あとの兄弟はもうすべて引き取り手があって、いませんでした。


そして、その残った子犬を抱っこして、約束通り家に連れて帰ることにしました。

すると、その子犬は再びメッセージを伝えてきました。

「オレを選んでくれてありがとうよ。何の取り柄もなさそうに見えるかもしれないけど、けっこう役に立つんだぜ。お前のためにひと肌脱いで頑張るからな。期待してろよ」

と、犬らしくない不思議なことを言ったのです。

「これから一緒に幸せになろうね」と言って抱きあげたとき、私の頬っぺたをペロッとなめてくれた、そのときのこの子犬の嬉しそうな顔を私は忘れません。抱いた瞬間に、フッとこの犬と、何ともいえない数奇なご縁を感じました。

それから、猫も連れて帰りました。

当時の私は、三毛猫が好きでした。譲渡会で一歳近い成猫の三毛猫を発見しましたが、お腹が大きかったので絶対にもらい手がないと思い、このお腹の大きい三毛猫を選ぶことにしたのです。

たくさんいる犬と猫のなか、貧相な子犬とお腹の大きい三毛猫を譲ってもらい、家に連れて帰ることにしました。

でも、見回すと、もらい手があった犬や猫はほんの一部で、とくに大人の犬や猫はみんな残っていました。

その残された犬や猫たちの無念な顔。心が無になって、生きることをあきらめてしまったような表情がない犬や、ワンワン泣いて飼い主が迎えにくるのを待っている犬たち。みんな助けてやりたいけれど、どうしようもありません。

飼い主に捨てられたことを悟ってか、ケージの格子の向こうから悲しげな目で見つめる犬たち、知らないうちに持ち込まれた生まれたばかりの子猫たち。捨てられてしまった可哀そうな犬と猫を見たくないのと、自分一人では何もないできない不甲斐なさから、目をそらすようにして急いで帰りました。思い出すのも嫌で、その公園には二度と行きませんでした。

そして、連れて帰った子犬はチョンキー、三毛猫はミーコと名づけました。

チョンキーとミーコは、とても仲良しになりました。ミーコは我が家に来てしばらくすると、四匹の子猫を産みました。

子猫たちは家で飼おうと思ったのですが、すぐにもらい手がつき、みんな引き取られていきました。

猫の神様がついている

なぜ当時の私は三毛猫が好きだったのかといえば、それは、千円で買った骨董品の三毛猫の招き猫が大好きだったからです。この招き猫に貯金をし、そして、お願い事があるとこの三毛猫の招き猫さんに頼んでいました。

私はごく普通の家で育った子供でしたが、小学生で働くことができない子供なのに、なぜかお金の回りが良かったことを覚えています。

親は、犬と猫のご飯は買ってきてくれるものの、避妊手術や医療費はほとんど払ってくれませんでした。しかし、どうしようもなく困ったときも、どこからかお金が回ってきて不思議とどうにかなっていたのです。

それに、私の名前で懸賞などに応募すると、不思議と高い確率で当たるので、母は私の名前でよく応募していました。ガラポンクジもよく当たって、景品をしょっちゅうもらっていたものです。

子供のころから、捨て猫を拾ってきてはいつも両親に叱られていましたが、そんなときも、必ずどうにかなって、不思議と良い引き取り手が現れるのです。そして、残った子は自分で飼っていました。

子供ながらに、いつもなんとかうまくいく、このラッキーを不思議に思っていました。この三毛猫の招き猫さんに猫の神様が、いや、私に猫の神様がついている、そう信じていたのです。でも本当に、そうかもしれません。

チョンキーは弔《とむら》う犬だった

両親は共稼ぎで、二人とも帰りが遅かったので、私はいつもチョンキーとミーコと一緒におやつを食べ、テレビを見たりしながらお留守番をしていました。二人は、私の子守り役だったのです。

年がバレますが、当時大人気だったコント番組『8時だョ！　全員集合』が好きで、とくに志村けんが大好きで、毎週食い入るように見ていました。

チョンキーも「ちょっとだけよ～。あんたも好きねぇ～」と加藤茶が言うと、笑ったような顔をして見ていました。テレビを見て言葉を聞き取っていると思えるくらい、賢かったのです。

　金ダライはドリフターズのコントの定番小道具でしたが、その金ダライを使った体当たりのちょっと下品なナンセンスギャグが、チョンキーはお気に入りでした。

　それからしばらくして、私はチョンキーにはサイキック能力があると気づいたのです。

『涙がとまらない猫たちの恩返し』（ＫＫロングセラーズ刊）にも、チョンキーの話は想念伝達のところでちょっと載せています。

　テレパシーによる想念伝達で、チョンキーが犬どうしでやり取りしていたことは間違いありません。犬どうしにもテレパシーによる想念伝達のようなものがあるということを、チョンキーの行動を見て実感したのです。

　チョンキーはとくに、犬のなかでもサイキック能力が高く、想念伝達の感知能力が優れていたのだと思います。近所のワンちゃんが亡くなったとき、鎖を切るほどの大騒ぎをして、器用に首輪をスルッと抜けて、一心不乱に亡くなった犬のところに走っていったのです。そして、涙をためて悲しそうに寄り添い、亡くなった犬を弔ったのです。

亡くなったワンちゃんが、テレパシーによる想念伝達でチョンキーに最後のお別れを言いにきたのだと思います。チョンキーは、亡くなった犬を弔う犬だったのです。この世からあの世に旅立つための、最後のお別れの挨拶をして弔う、〝おくりびと〟ならぬ〝おくりいぬ〟だったのかもしれません。

悲しいパンダ犬との秘話

そんな不思議なことが何度かありましたが、なかでも一番思い出深い、切ない出来事があります。

家からかなり離れているのですが、散歩コースの途中に、いつも立ちあがって塀の上から顔を出して待っている犬がいました。白黒の、パンダという名前の雌犬で、散歩にも連れていってもらえず、暑い日も寒い日も、コンクリートの上で短い鎖につながれっぱなしでした。かわいそうに、飼い主にほったらかしにされていたのでしょう。

このパンダのように、小さいころには可愛がられたのかもしれませんが、隅に追いやられて、触ってもらうこともなく、可愛がってもらえずに、つらく寂しい思いをしている犬が、実際にたくさんいると思います。

パンダに会うために、私とチョンキーは、いつも遠くまで散歩に行っていました。通りすがりに、塀から顔だけを出しているパンダの頭をなでると、シッポを思いきり振って大喜びするのです。パンダは毎日、私とチョンキーが散歩で通りかかるのを心待ちにしてくれていました。

そんなパンダから、私にメッセージがきました。

誰もワタシに気づかず、誰もかまってもくれず、
なでてくれる人もいなかった。

ワタシの声を聞いてくれる人もなく、
誰もワタシのことなんかどうでもよくて……。
いつもひとりぼっちだったのよ。
鎖でつながれている範囲しか動けない。
カンカン照りで吹きさらしの小さなお家は、暑くて寒くて。
そしてとっても寂しくて……。
ワタシの心は、無になって、何も感じなくなってしまったの。
でも、アナタたちが来てくれるようになって
毎日がとっても楽しみで。
ワタシの心は、生き返っていったのよ。

世の中には、鎖につながれたまま、ほったらかしにされた犬たちがたくさんいるのだろうと思うと、憤りとともに、とても悲しくなってきました。飽きたのか世話が面倒になったのか、どんな理由であれ、無責任だと思います。飼った以上は、最後まで

可愛がって世話をするのは当たり前のことです。

それから数カ月が経ち、パンダはフィラリアでお腹がだんだん膨れてきて、次第に元気がなくなっていきました。

そして、ある日の夕方のことでした。チョンキーが突然騒ぎだし、首輪を脱ぎ捨てて、パンダのところに猛烈な勢いで走っていったのです。私も全力で走るチョンキーを追いかけていって、パンダのところにたどり着いたのですが、そこで見たものは……。亡くなったパンダに覆いかぶさって、悲しそうにしているチョンキーの姿でした。

パンダは亡くなったばかりのようで、チョンキーはパンダに悲しそうに寄り添っていました。パンダは仲良しのチョンキーに、最後のお別れをテレパシーで伝えたのでしょう。

「チョンキー、ありがとう。大好きだったよ」と。

それを見て、私も涙があふれてきました。その時、私にもパンダからのメッセージが聞こえてきました。

「悲しんでくれて、泣いてくれてありがとう」と。

それからしばらくすると、我が家に不幸が続いたのです。

信じられないことに、そのすぐあとに、あの三毛猫のミーコが病気になって突然に亡くなってしまったのです。ミーコは、まだ七歳になっていないくらいの若さだったと思います。ミーコが亡くなったときも、チョンキーはミーコに覆いかぶさって、目に涙をためて、悲しそうに弔っていました。

言葉ではなくテレパシーで想念伝達する犬たち

あなたは、犬と話をしますか？

テレパシーとは、双方の想念伝達で会話することをいいます。

犬は、いわゆるテレパシーによる想念伝達で、お互いに話をするといわれています。もちろん、吠えたりして実際に声を出すこともありますが、それらはあくまでも補助であって、実際には、テレパシーを手段としてコミュニケーションを取っているのです。

テレパシーの能力は、同じ種の動物でも個体差があり、優れたものもそうでないものもいるはずです。でも、動物間のテレパシー能力は、人間より優れているといえるでしょう。

また、テレパシー現象は、一般には生者と生者との間に起きるものという認識がありますが、テレパシーは肉体を超越していることから、生者と死者との間で起きてもおかしくはなく、当然あるはずです。

昆虫、鳥、魚などが多数集まって一つの集団を形成するとき、その集団がまるで一個の生命体であるかのように、一糸乱れぬ振る舞いをすることはよく目にする光景です。これは時に、超個体という表現をされることもあるそうです。

そして、この超個体を統制しているものは五感を超えたテレパシーなのではないか、と推論する人もいます。そうでないと、鳥がきれいな隊列をつくって飛んでいることなど、説明がつきません。

このように、動物間におけるテレパシーによる想念伝達は、日常生活において想像以上に頻繁に起きているのです。動物がテレパシーで話すといっても、目の前の動物自身と会話するというよりも、心の中にある想念とやり取りをするような、魂どうしの会話だといえるでしょう。

犬は狼から進化して、分かれたとされています。狼は、狩猟のときに見せるチームワークがすごい動物ですが、これは、狼のボスがテレパシーによる想念伝達で群れの意思を統一するからだといわれています。

それぞれが勝手な動きをしたのでは獲物は捕まえられませんから、狼たちはテレパシーによる想念伝達によって集団で狩りをするのでしょう。このチームワークは、究極の信頼関係が成り立っているからこそできるのです。

たとえば、犬に人間の言葉（単語）を覚えさせ、それに反応させることでコミュニケーションを取ろうとする人もます。しかし、犬と一緒に暮らしていると、犬と人間も今以上に言葉だけではなく、もっとテレパシーのようなもので、今以上にコミュニケーションを取ることができるようになります。犬どうしでも、かなり高度なコミュニケーションを取っていることがわかってきます。

私たちが犬に話しかけるとき、「この思いを伝えよう」という気持ちで話をすると、犬はこちらの意図を読み取ってくれます。時には、こちらが犬には知らせるつもりがないのに、勝手にこちらの意図を読み取って、先まわりするような行動をとることすらあるのです。

犬たちは人間ほど知能が発達していないため、もちろん高度な思考や思索はできませんが、想念伝達によって高度なコミュニケーションを取っているようです。犬の思考は、人間の思考よりもシンプルなので、犬たちが考えていることは、こちらが読み取ろうとすると、案外わかるものではないでしょうか。

アニマルコミュニケーターの方は、動物の想念をテレパシーで読み取る能力がある人ということになりますが、それに限らず、自分のペットたちがテレパシーで伝えてくるメッセージを読み取ることは、一般的に不可能なことではないと思います。

テレパシー能力は、人間よりも動物のほうが優れ、発達しているのです。なぜなら、人間は高い知能と言葉を持つことによって物質文明を発達させてきましたが、それに反比例するように、スピリチュアルな霊的感覚が鈍り、五感に限られた、目に見えて聞こえる世界のみが実在であるかのように思うようになったからです。

もっともそのお陰で、知的文化が高度になったという見方もできるかもしれませんが。

テレパシーによる想念伝達とは、目には見えないけれど、特別なことではないはずです。本来、人間も持っていたものなのに、人間は言葉と引き換えにこの能力を失ってしまったのです。

私もチョンキーも病気になる

私が中学に入ったばかりのころ、それまでの人生で最悪の悲劇が起こります。もともと元気いっぱいで、手におえないくらいのおてんばでしたが、中学生になったころから、高熱が続き、関節が痛くなったりして動けなくなり、寝たきり状態になっていました。

原因不明で病院をたらい回しにされましたが、検査をしてもらい、難病の自己免疫疾患だったことが判明したのです。

一三歳で発病して、当時は若い人がこの病気になることは珍しかったらしく、すぐに大学病院に入院して治療が始まりました。ステロイドや免疫抑制剤を大量に使って、つらい毎日が続いたのです。

すると、不思議なことにチョンキーもフィラリアという、肺に寄生虫がつく病気になってしまいます。可哀そうに、毎日、苦しそうに咳き込んで血を吐いていました。

入院中、薬漬けで、ステロイドの副作用で顔も身体もパンパンに腫れあがり、誰だかわからないくらいになってしまいました。

ふつうは、こんなに若くて大病をする人は少ない。ほかの子供たちはみんな楽しそうに遊び回っているのに、なぜ私だけこんなことになってしまうの……。私は落ち込み、完全に心を閉じてしまいました。

私がいた病室は小児病棟ではなく一般の内科病棟でした。そのためか、自分の治療もつらかったですが、それ以上に、ほかの患者さんたちのあまりに不幸な出来事にショックの連続でした。

小さい子供さんがいるのに病気が急変して突然亡くなってしまった方、病気が治ると信じて怪しげな新興宗教にはまりお金がスッカラカンになってしまった方、あまりのつらい治療で精神的に参ってしまい自殺した方……。

当時はまだ中学生でしたから、人生これからというのに、人生の修羅場を目の当たりにしてしまい、「ここは、地獄だ。早く帰りたい」と、早く良くなって家に帰れることだけを祈る毎日でした。

入院していると、子供が病気で苦しんで可愛そうだとか、周りの人は誰も思いやりの気持ちを持つ余裕などないことがわかります。みんな自分のことに必死で、他人のことまでかまっていられないという感じでした。

大病をしたことで、早いうちから冷たい大人たちに接し、人生の修羅場を目の当たりにしました。入院生活は、私にとって過酷な修行だといっても過言ではありませんでした。

病気になったと同時に、入院生活を余儀なくされて、私は何の取り柄もなくなってしまったと思い込んで、卑屈な性格になっていきます。周りの人にとっては、自分はどうでもよい存在になり、仲が良かった友達も去っていきました。

人は、社会的な地位や目に見えるものだけで他人を判断するものだとしか思えませんでした。ひねくれ曲がった人間不信は、今でも治っていないかもしれません。

しかし、逆境を経験することで、自己防衛でしょうか、第六感が冴えてきて透視能力がさらにアップし、人の心を見定めるような心眼力が身に着いたような気がします。客観的な鋭い人間観察は、誰にも負けないという自信がありました。ただ、言葉にはしないものの、人の足元を見て見透かしてしまう自分が嫌でもありました。

そして、そんな大変な時期を支えてくれたパートナーは、人ではなく、犬や猫の動物たちでした。私がどんな状態になっても、彼らはまったくそれまでと変わらず、優しいままで待っていてくれたのです。

病気をして身動きがとれなくなり、社会の隅に追い込まれてしまい、生まれて初めて弱い立場に立ったことで、自分が捨てられた犬や猫たちと同じだと、なんとなく思ったのです。理屈ではなく、そこで初めて、ようやく彼らの気持ちというものがわかったような気がしたのでした。

チョンキーは退院するのを待っていた

チョンキーが待っているからと、私も頑張って治療を受けました。そのおかげか、半年はかかるといわれていたのに、三カ月で退院することができました。チョンキーもフィラリアと戦っていて、私が入院している間に何度も危険な状態になったものの、私の退院を根性で待っていてくれました。

でも、私が無事に退院してくると、フッと気が抜けたのか、チョンキーはそのあとすぐ、亡くなってしまったのです。まだ六歳という若さなのに……。

夏のある雷雨の夜のことでした。ほとんど意識がないチョンキーをいつもいた縁側に寝かせていました。とても不安でしたが、つい『8時だョ！　全員集合』を見ていると、

「お前がバカ面して笑っている間にオレは逝くぜ。心配かけたな。アバヨ」

というテレパシーが、雷が落ちたようにズコーンと胸に突き刺さってきたのです。

そして一発、チョンキーはいつもと違う大きなセキをしました。それと同時に、本当に雷が近くに落ちて、ビックリするくらいのドオーンという大きな音がしました。

私はすぐに、チョンキーのいる縁側に走りました。そこで目にしたものは、大量の血を吐いて亡くなったばかりのチョンキーの姿でした。

「チョンキー！　うそでしょ！　死ぬなー!!」

私は叫んで、血だらけのチョンキーの亡骸を抱きあげました。でも、ちぎれんばかりに振っていた尻尾が、まったく動きません。

いつもまっすぐにこちらを見ていた優しいつぶらな瞳は閉じて。

あったかい身体が、だんだん固く冷たくなって。

チョンキーが死んだ……。いつも一緒にいてくれたチョンキーが、もういない。亡くなるのはわかっていたことですが、やはりどうしようもなくショックで、あふれる涙をふくこともできず、そのまま放心状態でいました。

呆然としていると、金縛りにあいました。すると、なんと目の前にチョンキーが走り寄ってきたのです。唖然とする私に、

「泣かないでくれよ。オレはもう何もしてやれない。でもな、待ってろよ。お前が一番大変なときに、生まれ変わって必ずまたやってくるから。何度も何度も生まれ変わって、お前のそばにいてやるぜ」

と言ったのです。そしてさらに、

「オレは助けてもらったことを絶対に忘れない、何があってもいつもお前の味方だ。

今度は長生きしてずっと見守ってやるからな」

と……。

そう言うと、チョンキーは霊道に向かって走っていき、消えてしまいました。

チョンキーが亡くなった夜は、猛烈な雷雨でした。近所のワンちゃんたちが総出で「ウオーン、ウオーン」と遠吠えをし、最後のお別れをしてチョンキーを弔ってくれたことが脳裏に焼きついています。

チョンキーが吐いて血だらけになった縁側は、父がずっと肺結核を患っていたこともあって嫌がり、すぐあとに取り壊され、そこに新しく一間ほどの部屋を増築しました。犬小屋も処分してしまったので、チョンキーがいたときの思い出のものは、一切なくなってしまいました。

唯一思い出になるものといえば、裏の林のチョンキーのお墓の上に植えた琵琶の木です。毎年たくさんの実がなり、また琵琶の葉っぱには薬効があるのでお茶にして飲んだり、身体の悪いところにあてたりと、その琵琶の木は大活躍でした。

亡くなって姿形がなくなっても、雷が鳴る雷雨の日はいつも一緒にいてくれたチョンキーのことを思い出して、今でも自然に涙があふれてきます。

子供が生まれたら犬を飼いなさい

イギリスの諺に、「子供が生まれたら犬を飼いなさい」というのがあります。

子供が生まれたら犬を飼いなさい。
子供が赤ちゃんの時は、子供の良き守り手となるでしょう。
子供が幼年期の時は、子供の良き遊び相手となるでしょう。
子供が少年期の時は、子供の良き理解者となるでしょう。
そして子供が大きくなった時……
自らの死をもって子供に命の尊さを教えるでしょう。

犬と人間とが共存する社会が確立されているイギリスだからこその諺ともいえま

す。犬だけの話ではなく、身近な動物、生き物全般に置き換えられる諺ではないでしょうか。

子供が生まれた瞬間から犬を飼うというのは、まず第一に、心のゆとりが必要なので、今の日本の混沌とした社会では、実際には少し難しいことかもしれません。

犬を飼育することは大変ですが、愛情を持って育てられた犬は子供の良き遊び相手になります。きちんと飼うことができたら、犬は必ず子供にとって一生忘れられないような、心に残る大切なことを教えてくれる存在になるのです。

子供が生まれたからこれまで飼っていた犬を捨てた、という話を聞いたことがあります。そんなことをして、その家族は幸せになれるのでしょうか。当たり前ですが、犬にも感情が、喜怒哀楽があります。そして当たり前ですが、命があります。どんな理由があろうとも、捨てるなどということは、許しがたいことです。

犬の寿命というのは短いものです。一五年以上生きることもありますが、一般的に人間よりは短いため、一緒に育った犬とは必ず最後には別れなくてはいけません。どれほど深い愛情で結ばれていようとも、別れは必ず訪れるのです。

人間より短い一生涯のなかで、犬たちは「生きること」そして「死ぬこと」の意味を私たちに教えてくれます。犬は、相手を思いやる気持ちや、命あるものに対する責任感を、そして愛することの大切さを、理屈ではなく身をもって教えてくれるのです。

動物の世話をすることは、人間性の教育につながると強く実感しています。動物に思いやりを持つことは、結果として人への思いやりに通じると思います。

犬を飼うということを通じて、私は人として大事なことをたくさん学びました。老いる苦しみ、病む苦しみ、それでも何があっても前を向いて生き、そして最後には亡くなっていく……。

そうした犬の生きざまを間近で見ることで、自分の人生や命と真摯に向き合えるようになりました。

犬の一生を通して、生きることの意味や命の尊さを知るということは、とても大切なことです。子供のころから犬を可愛がり、犬と共に生活をすることによって、優しい慈しみの心や、命を大切にする気持ちが自然と育まれるはずです。

犬は人より短い一生を、一生懸命にまっすぐに生き抜いて、たくさんの素晴らしい思い出を残してくれるのです。そんな尊い命との体験を大切にしようと思いませんか。

最近は、あまりにも命が軽んじられている気がします。命の重さはどの動物も同じということを忘れてはいけません。

小さいころから病気で入院して、心が折れそうになり何もかもが嫌になってしまうことがありましたが、何があっても変わることなく、チョンキーは私に無償の愛をずっと注いでくれました。優しさや慈愛というものは何かを、飼い犬であるチョンキーが教えてくれたのです。

考え方は人それぞれですが、私は子供のときに初めて飼った犬、チョンキーがいたからこそ、たくさんのことを学ぶことができたと思うのです。亡くなってしまったときは、とても悲しかった。でも、失って初めて、大きな愛をくれていたことに気づかされました。

私はチョンキーの大きな愛で包まれていたからこそ、くじけることなく生きてこれたのだと、いなくなってから確信したのです。一緒に過ごした貴重な体験、そして思い出がたくさんあるからこそ、今の自分があると思っています。

心の友チョンキーよ、ありがとう

私の家には、昔、チョンキーっていうとっても不思議な犬がいた。
亡くなった犬を目掛けて走って行って、弔って。変なヤツで。
桃太郎の家来の犬みたいに、いつもお伴でくっついてきて。
尻尾をちぎれんばかりに振って、いつも私が学校から帰るのを心待ちにしていた。
一緒にテレビを見ながら、オヤツを食べて、大笑いして。

楽しそうに、笑ったような顔をして、見るからにひょうきん者でおもしろくて。

とっても優しくて、あったかくて、一緒にいるだけでとっても幸せ。

愛すること、愛されることの大切さをキミから学びました。

楽しかったときも、悲しかったときも、同じ時を分かち合い。

どんなときにも、そばにいて守っていてくれた。

とってもイカした素敵な犬だった。


人にこんなふうに話すと、いつも涙が自然と流れてきます。

もう二度と、こんな出会いはないと思っていたのに……。

霊道を駆け抜けて、あの世に旅立ってしまってから、チョンキーは再び私に会いにくることはありませんでした。夢ですら出てくることすらなかったのに……。

しかし、それから十数年が過ぎたころ、私が一番大変なときに帰ってくるとチョンキーが言った通りの、絶対にあり得ない奇跡が起こったのです。

「桃太郎の鬼退治。お腰につけた黍団子一つワタシにくださいな」

そう言って、鬼退治が必要となった私の人生に、絶妙なタイミングで登場したのがプーちゃんでした。

チョンキーはプーちゃんに生まれ変わって、私が一番大変なときに、最強の鬼である病魔と再び一緒に戦ってくれることになるのです。

第2章

プーちゃんは待っていた

プーちゃんとの出会い

チョンキーが亡くなってから十数年の時が経ち、私は二〇代後半になっていましたが、家のそばにある国立大学に通う大学生でした。病気のためもあり、人よりかなり遅れての入学でした。

そんなとき、プリンことプーちゃんに出会いました。女性の獣医師のM先生から譲り受けたのです。プーちゃんは当時一歳でしたが、生まれつきのニキビダニというひどいアレルギーで、毎日、病院で治療ばかりの日々でした。

病気は違いますが、私と治療法が似ていて、ステロイドや消炎剤、強い抗生物質の大量投与など、劇薬を使った治療で薬漬けの状態だったのです。

皮膚は火傷を負ったようなケロイド状で、毛がほとんどありませんでした。とくに頭のところはひどくて、大きなかさぶたがあったのが取れると、毛がごっそりとなくなって陥没し、地肌が赤くむき出しになっていて、重症だということはひと目見てわかりました。

当時はこげ茶色のプードルは珍しかったらしくて、もともと身体が弱かったのでしょう。ペットショップから高額で買った飼い主も、これだけ治療しても治らないのだったらもういらないと言って、安楽死を希望してきたそうです。

そこで先生は、「まだなんとか生きているのだから、最後まで治療させてください」と言って、その飼い主から引き取られました。でも、本当のところ、助かるとは思っていなかったそうです。


それからも治療は続きましたが、気丈なプーちゃんの頑張りがきいたのか、先生の治ってほしいという願いが通じたのか、生死をさまようほどの危篤状態だったのに、病状が奇跡的に落ち着いてきたのです。

とはいえ相変わらず薬漬けだし、一生治ることがない難病なので、「一年間生きるかどうかわからない。でも、ちょっとでも家庭に入って幸せを味わうことができたら、それだけで本望でしょう」と先生はおっしゃって、里親として我が家が選ばれたのです。

プーちゃんを迎えにいったのが私だったためか、チョンキー以来、私にとてもなついた犬でした。一年生きるかどうかわからないと言われていたのに、我が家の歴代のペットのなかでも最高齢記録となりました。

M先生は亡くなられる直前まで、毎月、プーちゃんに定期的に注射をしてくださっていました。先生のほうが、若くして急に亡くなってしまうなんて、考えてもみないことでした。

とにかく、先生もビックリされるくらいプーちゃんは元気でした。「病は気から」という諺があるように、我が家での生活が楽しくて張りがあるのでしょう。周りの自然に恵まれ、仲良しの猫のチャコちゃんも一緒にいて、環境がよっぽど良かったのだと思います。

ところが、一三歳のときにお尻の癌になってしまったことがありました。高齢ですので、麻酔をしたまま亡くなってしまう危険性があると先生に言われ、手術はどうしようかと悩みました。でも、まだ体力があるからと、危険を承知で手術をしてもらったのです。

そしてプーちゃんは、その癌を完全に克服して元気を取り戻しました。手術台の上から一人で飛び降りてきて、外に出て家に帰ろうとしたそうです。その驚異的な生命力に、先生はビックリされていました。

父の突然の死

私が大学院の二年生で、あともう少しで卒業という一月の寒いときのことでした。父が心筋梗塞で倒れ、救急車で病院に運ばれたのです。そして、さらに苦難が続きます。父のお見舞いに自転車で行った帰り道、私まで交通事故にあってしまったのです。頭がい骨骨折と鎖骨骨折そして、肋骨を全部骨折し、意識不明の重体でした。

私は父と同じ病院に救急車で運ばれて、父がいる救急治療室に入りました。このような絶対にあり得ない状況に、母もショックを受け途方に暮れていたようですが、すぐに手術が行われ、私は九死に一生を得たのです。

目が覚めたらびっくり。頭が猛烈に痛いうえに、髪の毛がないかわりに手術の縫い目があって、顔中が打ち身による青アザでドス黒くなっていたのですから。肩は左側の鎖骨がボッキリ折れていて、そこはまだ手術がされておらず、飛び出したままでした。

その後の治療は大変でしたが、思ったより早く、なんと三週間で退院することができました。家に帰るとプーちゃんが待っていて、大喜びで迎えてくれました。

それから、リハビリを兼ねた私の自宅療養が始まりました。

そして、もう一匹、帰ってくる人を待っている子がいました。

『涙がとまらない猫たちの恩返し』（ＫＫロングセラーズ刊）の「父を看取って最後まで見送ったハマグリ君」に詳しく載せていますが、いつも父と一緒にいたハマ君という茶トラの猫が、父の帰りをずっと待っていたのです。

父は入院後も発作が起こってしまい、かなり危険な状態でした。でも約三カ月後には、危険を伴いながらも、ハマ君が待っているからどうしても家に帰りたいという父の希望で、退院して家に帰ってきたのです。

父は、亡くなってしまう前日だけは、なぜだかとても元気でした。虫の知らせか、貯金をほとんどおろしたり、インターネットを解約したりと、身辺整理をしていくような感じに見えました。そのとき、ニコニコしながら私に向かって、

「勉強ばかりするのもいいが、学歴がすべてではないよ。身体が弱いのだから、資格を取ったり自分の特技を生かして、頭を使って生きていきなさい」

と、未来を予測するような不思議なことを言ったのです。

よく見ると、透けて見えるようで父に存在感がありません。なんだかはかなくて、そのままいなくなってしまうような、とても不吉な予感がしました。

そして、その翌日。二月の雪の日、朝方の一番冷えているときのことでした。やはり不吉な予感が的中したのです。父にまた心筋梗塞の発作が起こって、私の目の前で亡くなってしまったのです。退院して二週間も経たないくらいのことでした。

そのとき、一生忘れないほどの、とても不思議な光景を目にしたのです。

父の横にはハマ君が一緒に寝ていたのですが、発作が起こっている父の胸の上にプーちゃんが駆け上がっていったのです。そして、そのとき私には父の魂が抜けていくのがはっきりと見えました。その瞬間、プーちゃんは父に覆いかぶさり、泣くような表情をしたのです。まるで弔うように。

救急車が来ても間に合わない。もう父はすでに亡くなっている……。

でも、救急車が来て、私も母と一緒に乗って、救急車の中で電気ショックをしてもらったりしましたが、もうダメでした。わかっていたはずなのですが、急に、しかも目の前で亡くなったこともショックで、私は呆然としていました。

私は、プーちゃんが父に覆いかぶさって、悲しそうに寄り添っている姿を何度も思い出していました。あの弔う姿はチョンキーにそっくりだ、と。もしかしたら、プーちゃんは、チョンキーの生まれ変わりかもしれないと、そのときフッと思ったのです。

犬種も違うし、生まれ変わるなんて本当にあるのかしら……。でもチョンキーは、私が一番大変なときに生まれ変わって、今度は必ず長生きするって言っていたから……。そんなことを、考えていました。

それからすぐ、病院から父の遺体が家に帰ってきました、父が大好きだったハマ君は涙を浮べたような悲しい顔をして、父が退院して帰ってきた日と同じように、飛んできて出迎えました。

ハマ君はお通夜でもお葬式でも、片時もお棺から離れることなく父に付き添い、お葬式でお経が始まると大粒の涙を浮かべていました。そして、父の四十九日を過ぎてすぐ、ハマ君は亡くなってしまいました。ハマ君は父の最期を、すべて見届けてくれたのです。

何があっても気丈なつもりの私でしたが、頭がい骨骨折と肋骨と鎖骨骨折により身体じゅうが痛いし、顔もすりむいてぐちゃぐちゃになっていましたし、何もかもが嫌になっていました。自由に動けない不甲斐なさと、父が目の前で亡くなってしまったショックとが重なって、生きる気力すらなくなっていたのです。

プーちゃんも弔う犬だった

それでも、骨折や顔のキズも少しずつ良くなり、プーちゃんがそばにずっといてくれたこともあって、私はなんとか元気になっていきました。心を閉ざしていた私でしたが、何か始めようという前向きな気持ちになっていったのです。

もともと理系は強く、環境問題に興味があったことから、資格試験を受けようと思い立って気象予報士試験の勉強を始めました。プーちゃんやチャコちゃんたちと一緒に、毎日頑張って勉強をして、療養中に資格を取ることができました。

そして自宅療養をして三年が過ぎ、交通事故によるケガも治って、だんだん体力も回復してきましたので、博士課程に進学することにしました。大学は家から自転車で通える距離にありましたので、社会復帰にちょうどよい行動範囲でした。

プーちゃんは大学へ行っている間は家で留守番をしていて、帰ってくると大喜びで飛んでやってきました。

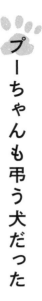

三毛猫のチャコちゃんは、プーちゃんよりちょっとあとにやってきた子で、子猫のときに母が職場の近くから拾ってきたのです。プーちゃんとチャコちゃんはとっても仲良しになり、いつも一緒にいました。私の「優李阿ブログ」でも大活躍してくれ、チャコちゃんは、何冊か私の書いた本の表紙にもなりました。

そんなチャコちゃんでしたが、二〇一一年の秋に急に亡くなってしまいました。

そのとき、プーちゃんはチョンキーの生まれ変わりだと確信した出来事が起こるのです。父が亡くなったときもそうではないかと思ったのですが、確信したのは、なんとチャコちゃんが亡くなったときでした。

チャコちゃんが亡くなった瞬間、プーちゃんはとても悲しい表情をして、目に涙をためていました。そして父のときにチョンキーがしたように、チャコに覆いかぶさって弔ったのです。

大好きな、いつも一緒にいた仲良しのチャコちゃんを急に失ったプーちゃんは、チヤコちゃんの亡骸の横にずっと付き添っていました。

その姿が、一瞬ですが、チョンキーに見えたのです。チョンキーはプーちゃんに生まれ変わって、約束通り私のところに帰ってきた。そう確信した一瞬でした。

私は、チョンキーが最後にテレパシーで伝えてきたメッセージを思い出していました。

「お前が一番大変なときに生まれ変わって必ずまたやってくるから、待ってろよ。オレはいつもお前の味方だ。今度は長生きしてずっと見守ってやるからな」

やっぱり、プーちゃんはチョンキーに間違いない。それから、プーちゃんのことを間違えて、チョンキーと呼んでしまうこともありました。

チョンキー、いやプーちゃんは、私が交通事故で意識不明の重体になったときも、脳梗塞で入院したときも、どんなときも待っていてくれました。父の死のときも、チャコやほかの子たちが亡くなってからも、約束通りいつもそばで見守ってくれました。

体調を崩して長期入院

それから時が過ぎて、二〇一三年の春、私はまた持病の悪化で体調を崩してしまいます。毎日三九度くらいの熱が出てうなされ、ずっと寝ていました。治療をしてもなかなか効かず、高熱が続きました。顔をはじめ身体じゅうがパンパンに腫れて、皮膚が火傷したようにただれてしまい、手がつけられない状態になってしまったのです。

そのままだと危険だということで、夏には大学病院に入院することになりました。

激痛というのは、精神を崩壊させます。窓がもう少し開いていれば、飛び下りてでもこの痛みから逃れたい。そんな衝動に駆られるまで追い込まれるのです。これは経験したことのない人にはわからないと思います。

高熱と身体じゅうのあまりの痛さで、火ダルマになったような感じ。元気でいられること、痛くもなく、身体がキツイこともなく生きられること、これだけで幸せなのだということを悟らされます。

点滴や注射などの治療や検査の毎日が続きました。しかし、入院して最高レベルの治療をしてもらっても、なかなか良くなりません。毎日続く点滴などで猛烈な薬漬けになり、副作用もかなり出てきて、生きていくことにとことん嫌気がさしてきました。

病状が落ち着いてきたと思っても、今度は薬の副作用で、身体のあちこちがドミノ倒しのように今までと違う重篤な病気になっていったのです。

まるでブラックホールにはまってしまったようで、本当に生きて帰れるのかと不安が募ってきました。何があっても、いつも前向きで気丈にしてきたつもりでしたが、生きるか死ぬかの瀬戸際にいて、今度こそ絶望してしまったのです。

それから、一年近く入院生活が続きました。ステロイドは免疫力を弱くするため、大腸潰瘍になりました。さらには腰が動かせないほど、とんでもないくらい痛くなったと思ったら、腰の中に袋状に膿がたまる膿瘍という病気になってしまいました。これも、免疫力を弱くする免疫抑制剤やステロイドの副作用からくるものです。

この膿瘍がやっかいで、腰の中に管を刺して、ずっと管をつないだままで膿を取るという、ドレナージというとても痛い治療が始まりました。しかし、なかなか膿瘍は治らず、一回退院してもすぐにまた悪化して、救急車でそのまま再入院となってしまうのです。

いろいろなことを経験してきましたが、人生において最悪な出来事の連続でした。次々と起こる病気の連続で、もう生きて家に帰ることはできないかもしれないと、本気でそう思えてきました。

入院生活が長くなって、病気も次々と出てきて、泥沼にいるような状況が続いていきます。周りの人からも、もう社会復帰はできないだろう、生きて帰れないかもしれないと思われたようで、私から遠ざかっていった人もたくさんいました。

もちろん、数は少ないですが、困ったときにこそ助けてくれた人もいました。大変なときに手を差し伸べてくれる人こそが、本当に優しい人なのだと痛感しました。大事なことは、病気や困っている人に対して「愛」を持って接しているかどうか。それがすべてだと思います。心に愛がある人は思いやりがあって、誠心誠意つきあってくれるはずなのです。

そんなある日、母から電話がかかってきました。プーちゃんが私のことを探しまわり、脱走して困ると訴えるのです。そして、

「お乳の腫瘍が大きくなって、あんまり元気がないのよ。退院するまで間に合わないかもしれないから、頑張って治療して早く帰ってきなさい」

と言われて、さらにショックを受けます。

人からどんな扱いを受けてもいい。今は、自分が治ることだけを考えよう。とにかく、早くプーちゃんの待つ家に帰りたい。

それからの私は、心を入れ替えてつまらないことは考えず、一刻も早く退院できるように、頑張って前向きに治療に取り組むことにしました。

身勝手な人間と違い、犬というものは、飼い主がどんな状況になってもまったく変わりません。純粋な心を持ち続けて、飼い主に従順です。つらく悲しい目にあえばあうほど、そのことが心に突き刺さるほどよくわかりました。

犬に送る賛辞

入院中にはたくさんの本を読みましたが、以前読んで感動した、ディーン・R・クーンツ作の『ウォッチャーズ』も読み返しました。

なかでも一番感動的なところは、この小説の中に出ている「犬に贈る賛辞」という文章です。

『犬に贈る賛辞』

世の中では、一番の友があなたを裏切り、敵となることがあります。

一生懸命慈しんで育てた自分の息子や娘でさえ、その恩を忘れ、親不孝ものとなることがあります。

自分の幸せと名声をかけて信じていた人に、その信頼を裏切られることもあります。

富は、自分が一番必要とする時に、そこにあるとは限りません。

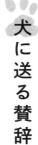

名声は、ほんの一瞬のあやまちのために、簡単に失われてしまうし、成功している時は敬ってくれている人たちも、失敗の影が訪れるとともに、突然、石を投げつけてきます。

しかし、こんな自分勝手な世の中において、絶対に変わることなくあなたを見つめ続け、決して裏切らず、恩を忘れない、誠実な友。

それは、あなたの犬なのです。

あなたの犬は、富める時も貧しき時も、病める時も健やかなる時も、いつもあなたに寄り添っています。

冷たい風がふきすさび、雪が降りしきる日でも、あなたがとなりにいさえすれば、冷たい土の上で眠ります。

与える食べ物が何一つない手をさしのべても、その手に接吻し、世間の荒波にもまれて傷ついたあなたの心と体をやさしくなめます。

貧しいあなたの眠りを、まるで王子の護衛のように守り、全ての友があなたを見捨てたとしても、そこに残ります。

富や名声をすべて失っても、日が沈みまた昇るのと同じように、変わることなく
あなたを愛しています。
たとえ運命によって、全ての友をなくし、道端に住むことになっても、忠実なあなたの犬は、となりにいて、あなたを守ること以外、何も望まないでしょう。
そして全てが終わり、死がやってきて、
あなたが冷たい土の中に葬られ、全ての人々が去った後も、
あなたの犬は、前足の間に頭をうずめ、そこにとどまり、
悲しみにくれた目を大きく見開いて、墓を守り、
自らが死を迎えるまで、あなたに誠実で真実でありつづけるのです。

――ジョージ・ヴェスト上院議員　一八七〇年

ディーン・R・クーンツ『ウォッチャーズ』（下）文春文庫より

この犬に贈る賛辞の文章は、心に響き自然と涙があふれてきます。
愛を持って飼い主に接し、飼い主に従順な犬の性質を、見事にとらえている文章だ

と思います。しかし、実際には愛犬が先に亡くなってしまうことのほうが多く、犬に贈る賛辞の最後に書いてあることは、すべての愛犬に当てはまるわけではありません。

人は、結婚式で「健やかなるときも病めるときも」と永遠の愛を誓い合いますが、時にそれはまやかしであり、愛が崩壊して離別する夫婦も現実的にたくさんいます。

でも、犬はそうではないのです。あなたがどんなに経済的に苦しく、住むところもなく、その日の食事にも困ろうと、犬はあなたから決して離れません。つねにそばに寄り添い慰め、あなたの手をなめてくれます。

犬は飼い主の本質しか見ることはなく、社会的な地位がなくなっても、無一文になっても、どんな状況になっても、決して裏切ることはありません。真実の愛は、時に犬にこそあるのです。だからこそ、なんてすばらしい最高のパートナーなんだろうと、思わずにはいられないのです。

プーちゃんは待っていてくれた

二〇一三年の夏から、また私は一年間ほとんど入院していたのですが、ようやく病状が落ち着いてきて、翌年の二〇一四年の六月に退院することができました。

私が自宅に帰ってくると、プーちゃんはもう耳がかなり遠いのに、わずかな足音に気づき、尻尾をちぎれんばかりに振りながら玄関から飛び出してきて出迎えてくれました。

そのとき、プーちゃんからテレパシーで、

「どこに行っていたのよ！　もうどこにも行かないで」

というメッセージがきました。

長い間待っていてくれて、家に戻ってからずっと、逃げられてはいけないと思ったのか、私のそばから離れることなく、ずっと近くで見張っていました。

プーちゃんは高齢でしたので、足が変形して歩き方もおかしく、ガニ股でやっと歩いている状態でした。両眼も白内障で白く濁ってしまっていて、よく見えていないようです。それでも、私の行くところにはどこでもついてくるのです。

プーちゃんはこんなにも小さな身体なのに、全身全霊で私を守ってくれているのがありありとわかりました。そんなプーちゃんがとても愛おしく思えました。

ところが、家に帰ってすぐ、プーちゃんをお風呂に入れて洗っているときに気づいたのです。右のアゴからのどにかけて、大きな腫瘍ができていることに。お乳には昔からしこりがありましたが、入院していて長い間家にいなかったために、その腫瘍には気づいてやれず、愕然としました。

去年の夏から一年間、こんな身体で、私をずっと待っていたんだと思うと、ショックと同時に、その気丈さと、どうしても私に会いたかったという執念に驚かされました。ようやく退院したものの、一年という長きに渡っての入院が、長すぎて取り返しが付かないことになってしまったことに気付いて、猛烈なショックを受けました。

いつも一緒だったプーちゃんがいなくなるなんて、考えたこともなかった……。退院してからも、アゴからのどにかけての腫瘍が見る見るうちに大きくなってきて、口の左側からいつもベロが出ていました。

乳癌ができたときも、高齢だと麻酔にかかったまま亡くなってしまうこともあると獣医さんから言われていましたので、こんなに大きい腫瘍はもう外科的処置をすべきではないと直感しました。

でも、腫瘍に効く可能性があるというサプリメントを教えてもらい、可能性を信じて、できることは何でもやって助けてやりたいと思いました。

プーちゃんをずっと治療していただいていた、亡くなられた先生からも、

「プーちゃんは永遠に生きるわけではないのよ」

と言われていたことを急に思い出したりして、まるで、玉手箱を開けてしまったような感覚です。退院してすぐ、プーちゃんの現実を目のあたりにして、涙があふれて止まりませんでした。それでも、

「プーちゃん、生きて待っていてくれてありがとう」

と、私はプーちゃんと神さまに感謝しました。

退院できて、また大好きなプーちゃんと暮らすことができて、その幸せを噛み締めていました。これからの時間を大切にして、できることは何でもしてやって、少しでも長く一緒にいたいと思いました。

退院してもまた苦難が待ち構えていた

ようやく退院して、いろいろなことをしようと思って意欲的に動いていましたら、その矢先になんと今度は思いきり足をくじいて、腰骨がボッキリと折れてしまいました。せっかく膿瘍が治って、腰の痛みもほとんどなくなっていたのに。

幸い、入院はしなくてすんだのですが、また腰が痛くなってほとんど動けなくなってしまってガッカリです。

それからというもの、腰の治療でまた薬が増えてしまい、腰が痛いだけでなく身体がとてもキツくなってきて、まったく動けなくなってしまいました。身体がキツいと診察で訴えても原因がわからず、二カ月間はほとんど治療法もなく、そのままでした。

あまりにも体調がおかしいので、次々と押し寄せる病に怪我に気持ちが押しつぶされてこのまま自分が死んでしまうのではないかという不安に駆られ、今度こそ生きる気力をなくしてしまいました。体重が二カ月で一〇kgも落ち、食欲もまったくなく、寝たきり状態になっていきました。

私がずっと寝込んでいたら、プーちゃんも横でずっと一緒に寝ていました。あまりの身体のしんどさに「もうダメだ」と思っていたら、なんとプーちゃんから、

「生きる気力をなくしてはダメよ。何があっても生きていかなくちゃ。ワタシも頑張って生きているんだから」

というメッセージがテレパシーできました。

プーちゃんは、ビー玉みたいなまん丸な眼をして、ジッとこちらを向いて、とても心配そうな顔をしていました。大きな腫瘍があっても、一生懸命に頑張って生きているプーちゃんを見習って、私もどうにかして生きようと心に誓いました。

プーちゃんに限らず、犬というものは、自分の飼い主が幸せに生きてくれること、その飼い主と楽しく暮らせたら、それだけで満足なのだということがわかります。

よく飼い主の人が悲しんでいたり、悩んでいたり、苦しんでいたりすると、ペットがそばに寄り添って慰めてくれる、という話を聞きます。ペットたちは、ご主人の感情や気持ち、苦しみを敏感に察しており、ご主人には心の支えが必要なことがわかるらしいのです。

彼らにとっては、ご主人の悲しみや苦しみは、自分の悲しみなのです。ご主人が幸せなら自分も幸せ。そのくらい、飼い主とペットとの間の愛情や絆というものには、深い深いものがあるのです。

私の具合の悪さはひどい夏バテかとも思いましたが、やはり違いました。

あまりにも良くならないので、これは絶対に重篤な病気だ。夜も一睡もできず、血圧も高い。もしかしたら、前にもしたことがある脳梗塞かもしれない……。

そう思い、病院で頭のＭＲＩを撮ってもらったところ、思った通り、やはり脳梗塞でした。退院してすぐ、腰骨を折ったと同時くらいに、脳梗塞になっていたのです。身体が異常にキツかったはずです。よくこんな状況で生きていました。

脳梗塞はこれで三度目です。幸い入院の必要はなく、発症から二カ月遅れで治療をしたら、だんだん調子が良くなってきて、ようやく動けるようになってきました。

私の体調が回復していくのに伴って、プーちゃんもだんだん元気になってきました。でも、やっぱり気丈に生きていることが、元気の一番のもとに違いありません。アゴに大きな腫瘍があるものの、よく食べるし、散歩にも行きます。気丈に生きているプーちゃんを見ると、やはり、病は気からだと痛感します。

私は人間だから治療をしてもらえます。最高レベルの治療をしてもらっているのに、ぜいたくな話です。プーちゃんには何もしてやれないというのに。まして、人間に飼われていない動物たちは、病気になってもなんの治療もしてもらえない。それどころか、ペットでも飼い主に見放されて殺処分されてしまうことも多い。そんな子たちは、生きたくても生きるすべがないのです。

だから、こんな死にかけだった私にでも、きっと何かできることがあるはず。生きる気力を捨ててはいけない。そう思ったら、なんだか元気になってきたのです。

動物たちは今を生きる

今年は夏を越せないと言われていたプーちゃんでしたが、私が退院してから気持ちに張りがあるからか、サプリメントが効いてきたのか、徐々にとても元気になってきました。

プーちゃんは、いつもそばにいてくれて、異常なほど生きることに執着していました。生きて、私を見守っていたい。そして自分も家族のみんなと一緒にいたいのです。プーちゃんを見ていると、生きたいという気力がひしひしと伝わってきます。やはり、病気から回復するには、適切な治療法と気力が大事だと思いました。

よく食べるプーちゃんを見ていると、食べることは生きることだということも痛感させられます。人間なら、アゴにこんなにひどい腫瘍ができたら、未来を悲観して生きる気力すらなくなるかもしれません。その日、そのときを精一杯生きているプーちゃんを見習わなければと思いました。

犬をはじめとする動物たちは、今しか考えていません。過去や未来を考えず、今現在を精一杯生きているのです。そして、動物たちは、いつも元気です。なぜ元気なのかというと、今のことしか考えていないからです。しかし、動物は過去を懐かしむこともなければ、未来に不安を感じることもありません。動物は、今生きることだけに集中しています。だから落ち込むことがないし、いつも元気なのです。

人間は、頭脳が発達しすぎたため、余分な不安やストレスを増やしてしまい、元気がなくなっているのかもしれません。過ぎてしまったことを振り返ってばかりいたり、まだ起こってもいない未来のことを想像して心配していませんか。それは、取り越し苦労にすぎないかもしれませんよ。そういうときは、今のことしか考えていない動物の生き方を学んでみましょう。

動物たちのように今に集中して生き、何かが起こったら、起こったときに考えればいいのではないでしょうか。そして、「なんとかなるさ、なんとかしよう」というポジティブな気持ちでいれば、解決法も自然に浮かんでくると思います。後先を考えることに意味がないとは思いませんが、今、この瞬間を大切に生きることのほうが大事なのではないでしょうか。

私は小さいころから何度も入退院を繰り返し、人はいつどうなるかわからないということをたくさん目にし、経験してきました。病院にはさまざまな難病の人がいたり、昨日まで元気だった人が急に亡くなったり、病気ひとつしたことがない人が急に倒れて動けなくなったり、事件や事故などで突然に亡くなったり。

今元気だったとしても、誰もがいつどうなるかわからないのです。だからこそ、今を一生懸命に生きることが大事なのだと思います。動物たちと同じように。

過去を悔やんだり、将来を悲観するのではなく、今この瞬間を大事に生きるのだ……。

そう気持ちを切り替えることができました。

そして、いつも弱いものの立場の味方になっていたい。だからこそ、元気にならなくちゃ。そして、強くなって、これまで助けてくれた動物たちを助けたい……。

そんな思いに駆られてきたのです。

プーちゃんは頑張って生きる

私が退院して半年が過ぎ、重病を抱えるプーちゃんは頑張ってなんとか生きていました。気力でもっているとしか思えません。

右のアゴからのどにかけての大きな腫瘍はさらに大きくなってきて、アゴが完全にずれてしまいました。それでも、たくさん食べて、毎日の散歩も自分の足で歩いていきます。

そんなある日、夜中に大きな腫瘍から出血して、ひと晩中、血が止まらないことがありました。我が家にいるほかの子たちも心配していましたが、朝になってすぐ、獣医さんを呼んで止血剤の注射をしてもらいました。

薬が効いて出血がようやく止まり、とりあえずはひと安心というところまで持ち直しました。

「プーちゃん、良かったね」

そう声をかけた瞬間、プーちゃんの頭上が不思議な光に覆われたのです。そして、ガラス越しに神さま（大国主命）が見えて、メッセージがありました。

この犬は、本当によく頑張って生きている。

なぜなら、お前のことが心配で死ねないからだ。

生まれ変わってもまだ守ろうとするその忠誠を誓った行動は、素晴らしい賞賛すべきものがある。

だから、そなたも精一杯生き抜くのじゃ。

大国主命は、涙を流して私にそう言ってくださいました。

もう何があっても私は、絶対に入院しないと誓いました。なぜなら、プーちゃんの最期を看取らなければならないからです。まだたくさん食べて、動くこともできますが、でも、かなり痩せて衰弱してきました。

六歳という短命で亡くなってしまったチョンキーが、予言通りプーちゃんに生まれ変わって、本当に長生きして、約束を果たすべく、私のそばでいつも見守ってくれているのです。こんなにひどい腫瘍があって痛いだろうに、つらいだろうに、それでも精一杯生きています。小さいころからずっとニキビダニという難病と向き合い、戦ってきました。その気力、どうにかして生き抜いてみせようという、その根性は計り知れません。

少しでも長生きしてほしいところですが、とっても頑張っているので、これ以上頑張れとは言ってはいけないような気がしています。あとは、天寿に任せるしかありません。

プーちゃんは、精一杯生きようと頑張っています。私はずっと入院ばかりで、あまり家にいることができなかったけれど、これからも少しでも長く一緒にいられることを願うばかりでした。

ワタシは生きて、生き抜いてみせる

そんなプーちゃんから、私にメッセージがきました。

あなたは、よくどこかに行ってしまって、
たびたび、いなくなってしまったけれど、
ワタシは、ずっとあなたの帰りを待っていたのよ。
これまでもよくいなくなっては、また帰ってきて。
でも、今回はいないのが長すぎたわ。

ワタシの身体は、その間にとっても弱ってしまって、
とってもガタがきているの。
足がふらついて、眼もよく見えないし、

お口も腫れ上がって、どうしようもないのよ。
それでもたくさん食べて、頑張って生きているわ。
ワタシもずっと生きていて、あなたと一緒にいたいのよ。

あなたがせっかく帰ってきたというのに、
ご飯もろくに食べず、寝てばっかりで全然元気ないから
ワタシはなかなか死ねないのよ。
もう少しあなたが元気になってくれるまで、
生きて見守っていてあげる。
お口が痛くても、たくさん食べて、動いて
どうにかして生き抜いてみせるわ。

あなたはひとりじゃないの。自暴自棄にならないで。
だから、もっとたくさん食べて、強く生きて。

どんなことがあっても、これだけは忘れないでちょうだい。
ワタシだけは、あなたの絶対的な味方なのよ。

命がつきても、それは同じこと。
たとえ死んだとしても、あなたを守り抜いて
あの世からでも見守っていくわ。
でも、まだ頑張って生き抜いてみせるから、
いつもそばにいることを忘れないでちょうだい。

と……。
プーちゃんは、チョンキーが亡くなったときと、同じことを言いました。
やはり、魂は不滅であり、愛は永遠に続くのです。

追悼プーちゃん

当時この本の原稿をひと通り書き終えて、約二週間後。体調が急変して、プーちゃんは亡くなってしまいました。

二〇一四年一一月一八日午後九時五分、永眠。

約一七年半も生きて、ずっと、いつも一緒にいてくれました。

亡くなった日の夜は、晩ご飯を二日ぶりに少し食べてくれて、食後三〇分くらいは母に抱かれて、気分が良さそうでした。でも何だか、私はとても不吉な予感がしました。

そのとき、プーちゃんが私のほうを向いて、フッと仏さまのような、なんとも柔和な優しい表情をしたのです。そのときの表情は一生忘れません。

そして母が腕から下ろし、布団の上に寝かせた瞬間、呼吸がおかしくなって、そのまま眠るように亡くなってしまいました。

魂が抜ける最後の瞬間、プーちゃんは私に向かって、

「もうダメだわ。でもこれからも見守っているから、何ごとにも負けないで頑張って強く生きていくのよ」

というメッセージを送ってくれたのです。

なかなか思うようにいかなかった人生ですが、プーちゃんは、そんな私を守るべく使命を持ってこの世に生まれてきてくれた、そう確信しています。我が家に来てくれてから一六年以上も一緒に頑張ってきて、ずっと忠誠を誓って一緒にいてくれました。プーちゃん自らも大病を背負いながら、いつも私のそばにいてくれて、根性で頑張って生きて、最後まで守り抜いてくれました。

最後は苦しむことなく、とても安らかだったことがせめてもの救いです。そして、プーちゃんが亡くなってしまうときに、家にいて看取ることができたということに感謝しました。

でも眼を開けたまま亡くなってしまって、何回眼を閉じてやってもまたすぐに開い

てしまいます。やっぱり思い残すことがたくさんあって、心残りだったということが痛いほどよく伝わってきました。プーちゃんは自分自身も生きていたかったのだと思います。

いつもそばから離れることがなかった、プーちゃんがいない……。私も、当たり前にいたプーちゃんを急に失って、ショックというよりも、いまだに何がどうなっているのか受け止められず、ただ呆然としています。

退院してからもずっと体調を崩して寝込んでおり、一〇月には持病がまた悪化し、入院しなさいと言われました。絶対的なピンチでしたが、でも、もう入院は嫌だったので、外来でステロイドのパルス療法をして、どうにか炎症反応を抑えることができました。

次々と降りかかってくる災難も、モグラたたきのように気力で一つひとつノックアウトしていったのです。

一一月に入って、ようやく少しずつ私の体力が回復してきたと思った矢先に、プーちゃんが亡くなってしまったのは、もしかすると、少しずつ私の病状が落ち着いてきたのを見て、ちょっと安心したのかもしれません。

チョンキーの予言通り、チョンキーはプーちゃんに生まれかわり、私がとても大変なときに再びやってきてくれて、そして、本当に長生きして、そばでいつも見守ってくれていました。

プーちゃんが家に来てくれてからは、父の死、博士号取得、頭がい骨骨折、脳梗塞、持病の難病の悪化で長期入院など、いろいろなことがたくさんありました。プーちゃんがいなかったとしたら、乗り越えることはできなかったかもしれません。

プーちゃんは亡くなってしまいましたが、すべてが消えて終わりになったということではありません。目にはその姿が見えなくても、プーちゃんは私の心の中にずっと生き続けています。一緒に頑張って生きてきた思い出は、決して色あせることも消えることもなく、心の中で光り輝いているのです。

目をつぶると、プーちゃんが見えてきます。そして、「そばでずっと見守っているからね。負けないで頑張って生きるのよ」とメッセージを投げかけてきてくれます。

あの世に行って目には見えなくなってしまっても、プーちゃんはいつもそばで見守ってくれているのがわかります。亡くなってしまっても、心と心はずっと通じ合えることを実感しています。

天国とは遠く離れたところではなく、自分の心の奥深いところにあり、目には見えなくてもいつも一緒なのです。魂は心の中で永遠に生き続けるのです。

ずっと見守ってくれてありがとう

亡くなってしまったプーちゃんへ

退院してからも、お互い大変だったけど、力を合わせていろいろな修羅場を乗り越えて、よく頑張ったよね。覚悟はしていたけど、本当にいなくなってしまって、今は悲しくてしょうがないよ。

プーちゃんは、外に出ても、家の中にいても、私が行くところにはどこにでもついてきてくれたね。外出して帰ってきたら、夜中でも起きてすぐ出迎えてくれて。それに車が大好きで、亡くなってしまう三日前にも、車で病院に行くのを見送ってくれたね。

気がつけば、いつも私のそばにいてくれた。お庭にブログの写真を撮りに行っても、いつもくっついてくるから、ほとんど毎日、プーちゃんの話題ばかり。ブログが、プーちゃんとの思い出のアルバムみたいになってしまったよ。読み返すと、いろんなことを思い出して涙があふれて止まらなくなってしまう。

プーちゃんが亡くなって、ブログの読者から、たくさんのお花が届いたよ。プーちゃんは、たくさん人に愛されていたんだね。

一三歳で難病になって、ずっと入退院を繰り返してきた私は、人並みの楽しいことはなかなかできなかった。でも調子がいいときも多少はあって、人より遅れて、近くの大学にようやく行くことはできたけれど。

成人式などの行事に参加したり、遊びに行ったり旅行に出かけたりなどという、ふつうの人にとっては当たり前の思い出というものがほとんどない。ずっと陽の当たらない人生を余儀なくされて、ひねくれた性格になってしまった。

どうして自分だけこんなことになるんだろうと、当時は悔しい思いもたくさんあったけれど。イソップ童話のウサギとカメのお話のように、人生のレースも最後までどうなるかわからない、そう思って頑張って生きてきたよ。

でも今はそんなことはどうでもよく、思い返せば、プーちゃんとの思い出ばかりがよみがえる。

悲しいとき、つらいときには、一緒に泣いて乗り越えたね。

嬉しいとき、楽しいときには、一緒に笑って喜んだね。

どんなたわいないことでも、プーちゃんと一緒なら、それだけで幸せだったと改めて思うのです。

雨が降ろうが槍が降ってこようが、雨にも負けず風にも負けず。

どんなに人から裏切られてもひどいことをされても、プーちゃんだけはいつも味方でいてくれて、最後まで守り抜いてくれたね。何があっても、プーちゃんがそばにいてくれる、それだけでよかった。

プーちゃんは私の親友であり、鬼退治に行く桃太郎の家来の犬のような、人生を一緒に闘った戦友でもありました。振り返ると、何があってもいつも一緒にいてくれた、プーちゃんとの思い出がいっぱいあふれてくる。

今年に入って身体中に癌が転移し、坂道を転がるように病状が悪化しても、小さい身体でよく耐えて、ここまで頑張って生きてくれたね。

プーちゃんはこの世にはもういないけれど、またいつか会えることを信じて、これからも頑張って生きていくよ。心配するから、泣かないで、何があっても前を向いて生きていくからね。

プーちゃんのすごい生きざまを見習って、私も強く生きていくから、これからも見守っていてよ。何もしてやれなかった不甲斐ない飼い主だったけど、ずっと支えてくれて本当にありがとう。

今は、ずっと無償の愛を注いでくれ、大きな勇気をくれたプーちゃんへの感謝の気持ちでいっぱいです。きっと、天国で神さまにも「よくやった」と褒められたことでしょう。

たくさんの素敵な思い出をありがとう。
できればまた生まれ変わって、私のもとにやってきてちょうだい。
プーちゃんは、最高に素晴らしい犬でした。

第3章

九死に一生を得たジャック

ジャックのビフォー＆アフター

ここでご紹介するのは、飼い主から飼育放棄され、捨てられてしまった犬のお話です。不思議なご縁で危機一髪のところを引き取ることができたのですが、この子は黒のトイプードルで、今や我が家の番犬として大活躍しているジャックです。

保護したときのジャックは全身の毛が薄れ、耳の毛はまったくありませんでした。餓死寸前の状態で、骨が皮膚から飛び出しそうなくらいに痩せていました。数カ月間ケージの中に閉じ込められたまま、食事も水もほとんど与えられていなかったようです。

爪は伸び放題で、後ろ脚には骨折した痕《あと》があり、腰にはタバコによるものか、何カ所かやけどの傷痕があって、見るも無残な姿でした。

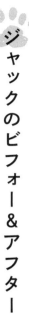

保護した当時はストレスと栄養失調で、あちこち毛がない状態でしたが、現在は栄養状態も良く毛もフサフサになって、見事なトイプードルに変身しています。

顔つきも、まったく変わりました。最初は表情も硬く、オドオドしていたのですが、現在はいつも明るく笑ったような顔をして、天真爛漫な感じです。あまりの違いにビックリです。


犬に限りませんが、人間の勝手な都合で生き物を捨てるなんて、絶対に許されることではありません。当たり前ですが、みんな命を持ち合わせていて一生懸命生きているのです。ものを言うこともできない相手を虐待するなんて、もってのほかです。こんなにひどいことをされて捨てられた動物たちは、心も身体も傷つき、人間不信になってしまいます。

このジャックのビフォー&アフターからもよくわかるように、人間が犬たちをどう扱うかで、あまりにも状況が違ってしまうことを考えさせられます。かといって、我が家でも特別なことをしているわけではなく、ふつうに飼っているだけです。

世の中には、犬を捨てる人間と守る人間がいます。可愛がるといっても最初だけで、飽きたらおもちゃのように捨てる許せない人たちもたくさんいます。そんな人間に飼われてしまったペットは、最悪です。人間だったら、どうにかして逃げ出すこともできるかもしれませんが、動物たちは受け身ですから、なす術がないのです。そんな悪魔のような飼い主に出会うことがないように、ただ祈るしかありません。

でも世の中、捨てたものでもありません。どうにかして犬を救おうとする人、拾う神もたくさんいます。拾う神は、犬にしても猫にしても、見た目や血統書などではなく、その命を見ています。今、目の前にある命を救いたい、それしか考えていません。

ペットたちは、どんな人に飼われるかで、運命がまったく変わってくるのです。生かすも殺すも、人間である飼い主次第なのです。人としてのモラルが重要です。

ペットたちはみんな、優しい飼い主とご縁を結び、幸せな一生を送ってほしいものです。みんな、幸せになる権利があるのですから。

突然、ガラ犬を引き取ることに

身体じゅうの毛がはげて、誰が見てもトイプードルとはわからなかったジャックを引き取ったのは、二〇一三年のクリスマスイブの日のことでした。

なぜ急きょ、この骨と皮だけの鶏ガラのような犬を飼うことになったのか。それは、絶妙なタイミングでした。

もともとの飼い主さんは、面識のある方でした。その方は、私がプーちゃんを飼っていたので、トイプードル好きなんだと思っていたようです。そして、あるとき、その方が黒とこげ茶のトイプードルを連れているのを見たとき、なんだかとても不吉な予感がしたのです。そして、なぜだか自分でもよくわかりませんが、不思議なことを口にしたのです。

「もし、この犬たちを飼えなくなったら、私に譲ってください」と。

しかし、私は持病が再び悪化して、二〇一三年の夏からほとんど一年間入院していました。すると入院中の秋に、飼い主さんから、突然、その二匹をもらってほしいと携帯に電話がかかってきたのです。私は入院しているので身動きがとれませんでしたが、退院するまでの間、その二匹のプードルを知人に預かってもらうよう手配しました。

ところが、飼い主さんから再び連絡があり、別に欲しいという人が現れて、その人にあげることにしたからもう引き取ってもらわなくていいというのです。引き渡す相手は、アパートで一人暮らしの若い男性ということでしたが、なぜかとっても嫌な感じがして、そのことがずっと心に引っかかっていました。

その不吉な予感は、やはり的中します。

二〇一三年の年末、そのプードルのもとの飼い主さんからまた電話がかかってきました。新しい飼い主が飼えないといって戻されてしまったので、やっぱり、あのプードルを引き取ってくれというものでした。ただし、もう黒いプードルしかいない、もう一匹のこげ茶のプードルは、ちょっと前に亡くなってしまったと。

かわいそうに……。あのとき、やっぱり譲ってもらっていればこんなことにならなかったのにと、とても悔やみました。

しかし、この黒いトイプードルも死にかけて、一時意識不明だったそうですが、今はなんとか持ち直しているというのです。世の中、めちゃくちゃな飼い方をする人がいるものです。

しかも連絡をくれたもとの飼い主さんもアパート暮らしで引き取れないから、今すぐもらってくれないのなら、次の日に保健所に連れていくというのです。このままでは危険だと思い、すぐに引き取って私の家に連れて帰ることにしました。とても寒いクリスマスイブの、とんでもない出来事でした。

ボクが何をしたというの

ジャックからの、我が家へ来るまでのメッセージです。

僕は、黒いプードル。
名前はよく変わって、どれがどれだかわからない。
どこかよく知らないけど、生まれて少ししてから、
動物たちがたくさんいるお店に連れていかれた。
それから二カ月が経ったころに、
突然やってきた女の子に引き取ってもらって、
僕は狭いケージから出ることができて、とっても嬉しかったんだ。
家に着いたら、もう一匹こげ茶色のメスのプードルがいた。
僕より、一年先にそこに来たって言っていたよ。
それから、その女の子と
もう一匹のこげ茶色のプードルとの生活が始まったんだ。

その飼い主の女の子は、最初はとても優しかったけど、
機嫌が良いときも悪いときもあって、気まぐれで

何が悪いのかよくわからないまま、急に怒られたりしたけれど。
いい子になるように、言われることは全部聞いていたよ。
でもだんだん可愛がってくれなくなってしまって……。

僕たちにまったく興味がなくなったのか、かまってくれなくなって。
そして、とうとう完全に無視されるようになったんだ。
何がなんだかわけがわからない。
僕、いい子にしてたよね。
いったい、何が悪かったというの？

そして、とうとう愛想が尽きたらしい。
ある暑い日のこと、
突然、車に乗って、変な男のところに連れていかれた。
これが新しい僕たちの飼い主なのか？

その男をひと目見て、すごく不安になったんだ。
なんだかとても目つきが悪くて、感じが悪かったんだ。

なかなかなつかない僕たちが、気に入らないのか、
ケージの中にずっと入れっぱなし。
「暑いよ」って吠えたら、怒鳴ってきて、
ケージから連れ出して殴ったり叩いたり。
耐えきれずにまた吠えたら、
今度は火がついた熱い煙草をジュッと腰に当てて。
「痛いよ！　熱いよ!!」
って叫ぶと、今度はおもしろそうに大笑いして……。

苦しむのを見て何が楽しいの？
何度となく、毎日、こんなことが繰り返されたんだ。

僕たちがいったい何をしたというのだろう。
お腹がすいた！　喉が乾いたよ!!　足が痛いよ!!
僕たちは生きていてはいけないの？
誰か助けて！　ここは地獄だ！　誰かここから出してよ!!

それから、ケージの中に閉じ込められっぱなしで、何日が過ぎただろう……。
カーテンはずっと閉まっていて、陽も当たらない。
ご飯どころか、水すらもうずっともらっていない。
いつも一緒に励まし合って頑張ってきた、
こげ茶色の子が、虚ろな眼でこっちを向いている。
「あなたは、ワタシの分まで生きなさいよ」
そう言って、最後の挨拶なのか尻尾をちょっと振って、
おしっこをたれ流しにしたまま動かなくなった。
僕は、とっても悲しかった。

でも、その子の亡くなる姿を見て、思った。
次は、僕の番だ。
ここを出ることができるのは、死ぬときだけなんだって……。
もうあきらめるしかないんだ。死ぬことでしか救いがないんだ。
僕にも、もうすぐ終わりがくると思った。
どうして、こんなことになってしまったの。
僕たちは、生きていることすら許されないんだね。

それからとても眠くなって、どのくらいの時間が経っただろう。
急に眼が覚めたら、前に飼っていた女の子が、
大きなビニール袋を持ってやってきていた。
そして、眼を開けた僕を見て、
ビックリするような顔をしてひと声、
「どっちも死んだって言ったから引き取りに来たのに、

オスの方は生きているじゃないのよ」
と、そう言ったんだ。

自分が、死んだのかどうかもわからないくらい、
吠える力も動く気力もなくて。
「もうどうなったっていいや」
そう思っていたら、また眠くなった。

そして、眼が覚めたら、今度は違う家に連れていかれたんだ。
今度は、よくしゃべるオバサンが二人いる広い家だった。
でも、とっても歓迎してくれたよ。
「好きなものを食べて、好きなことをしていいのよ」
と言ってくれた。
ようやく今度こそ幸せになれる、そんな予感がしたんだ。

捨てる神あれば拾う神あり

ジャックも、亡くなってしまったこげ茶のプードルも、もともとはペットショップで売られていました。

最初は、子犬で可愛がられたのでしょうが、無責任な人間のせいで飼い主が次々と変わります。狭いケージに閉じこめられたまま、散歩にも連れていってもらえず、餌といえばカリカリのドックフードがあったりなかったり。水ですら、ほとんどもらっていなかったかもしれません。

洗ってもらったり、ツメを切ってもらったりなんてとんでもない。ケージの中で叩かれたり殴られたり、眠りを妨げられたり。やけどさせられたり、殴られて虐待を受けたり。

しかし、ジャックは生まれてからずっとこんな生活を送ってきたのでふつうの生活を知らず、自由というものがどういうものかわからなかったはずです。

誰に気兼ねすることもなく自由に動きまわり、自分の好きなものを食べ、好きなことをして遊ぶ。そんな暮らしがこの世に存在することを、ジャックは知る由《よし》もありませんでした。

人間もそうですが、どんな生き方が幸せかは比較のしようがないですから、誰にもわかりません。ただ悲しいことに、動物たちは飼い主を選ぶことができず、どんな飼い主であれ、自分を委《ゆだ》ねるしかないのです。

もう一匹のこげ茶のプードルは、そんな自由な生き方があることも、一生知ることはなく、愚かな人間のせいで、可哀想に亡くなってしまいました。あまり吠えることもなく、賢くてとてもいい子だったのに。どうにかしてやれなかったのかと、今でも悔やんでも悔やみきれません。

このように、なかには餌ももらえず、飢え死にさせられたり、動く隙間もないケージに放り込まれたままで、暑くて寒い地獄のような暮らしを強いられるペットも少なくないのです。ペットというものは、何をされても、飼い主の受け身でいるしかないのです。人間の身勝手で飼い主を失った動物たちは、こんなに悲惨な状態になっています。

そういう飼い主たちは、ペットを物としてしかとらえていないために、また同じことを繰り返すのでしょう。ペットショップにペットが売っている限り、こんな悲惨な出来事がなくなることはないのかもしれません。

そこで問われるのは、飼い主としてのモラルではないでしょうか。命を粗末にすることになんの疑問も持たない人たちに、動物を飼う資格はありません。飼ってしまったのなら、責任を持って一生世話をするのは、当たり前のことです。大切にして、最期の時まで一緒に過ごすという心構えを持ちたいものです。

私は、ペットをきちんと飼えない人間には決して心を許さないようにしています。そしてそんな可哀想なことをした人間には、できれば同じような目にあって、どんなに罪深いことをしたか少しでもわかってもらいたい。いや、そう望まなくても、因果応報で必ずそうなると思っています。

洗ってビックリ

この黒いプードルは、私の大好きだった手塚治虫のマンガ『ブラック・ジャック』の主人公の名前から取って、ジャックと名づけました。

家に連れて帰ると、早速、母に叱られました。とにかく返してきなさいの、一点張りだったのですが、そのときです。

ジャックが、かがんで掃除をしていた母の背中に駆け上り、しがみついて離れないのです。私には、最初からまったく関心を示さなかったのに、母のことはひと目見て気に入ったようで、甘えるような感じでした。母も、飛びついて、ずっとくっついてくる馴れ馴れしいジャックに戸惑いながらも、そのうち怒りもどこかに行ってしまい、抱っこして頭をなで始めました。

あとでわかったのですが、ジャックは引き取った日のクリスマスイブが誕生日で、ちょうど一歳になったところでした。

ジャックを連れて帰ったその日の夜、とにかく全身がベットリしていて、ずっと洗ってもらってないようでしたので、すぐにお風呂に入れることに。さすが、プードルだけあって、手足が長いのにびっくりしました。

洗ってみれば、ノミがウヨウヨ。全身ノミだらけの身体をシャンプーすると、洗面器のお湯がドロドロになり、ノミの死骸でまっ黒に！　まったく、何も手入れされていなかったことがよくわかりました。

「かわいそうに。つらい思いをしたね。これから心機一転、やりなおしていこうね」

と、私はジャックに語りかけました。

不思議なご縁で、急に引き取ったジャックですが、引き取ったその日から、すぐに打ち解けて、すっかり家族の一員となっていきました。

ジャックを置いたまま、すぐに入院

しかし、ジャックを引き取ったときの大問題は、私の体調が極めて悪く、年が明けたら、すぐにまた入院しなくてはいけない状況だったということです。実際、お正月明けにすぐ入院しました。

ジャックを勝手に連れてきておきながら、家に置いたまま入院してしまい、あとは母に任せようなんて、私は本当に無責任な飼い主だと思いましたが、生きるか死ぬかくらいの重篤な状態になってしまい、どうしようもできませんでした。

でも、入院する前にタッチの差でジャックを引き取れたことは、心底良かったと思っています。私はそのときすでに、かなり具合が悪くて動けない状態でしたが、そこだけは譲れませんでした。そうでないと、ジャックは確実に殺処分されていたはずですから。

年明けの一月はじめから、そのまま半年間の入院生活になりました。母にジャックの世話を押しつける格好になり、申し訳ないかぎりでしたが、ただ一つの救いは、ジャックが私ではなく、母にとってもなついていたことでした。

母が電話で、毛がモサモサに生えて立派な黒々したプードルになってきている、そして近所の方々に可愛がってもらっていると話してくれたので、安心していました。

引き取ったときには頭ごなしに猛反対した母でしたが、それからずっと一五歳で亡くなるまで、ずっと一緒にいて可愛がってくれました。

そして頑張ったかいがあって、私も六月にはようやく退院できました。家に帰ると、春が過ぎても、赤紫色のモクレンがまだきれいに咲いていました。そして、玄関のところで待っていてくれたのは、プーちゃんとジャックでした。プーちゃんはすぐに気づいてくれて、

「お帰りなさい、ずっと待っていたのよ」

そう言って、駆け寄ってきてくれました。

プーちゃんとジャックは年齢がかなり違いますが、けっこう仲が良さそうでした。プーちゃんは一七歳という高齢で、ちょっと痩せたけれど、退院するまで生きていてくれてよかった。

まだ一歳半のわんぱく坊主のジャックは玄関にある靴をくわえて遊んでおり、もちろん私のことなんてまったく覚えていませんでした。あんた誰ですか、という感じで、帰ってすぐに吠えられましたから……。でもまあよかった。今は、すっかり慣れまし

たけどね。

ジャックは母を見ると、抱っこしてもらいに一目散に飛びつきました。見るからに大甘えです。あまりに太って大きくなったのと、毛が生えてモサモサなのにびっくり。あちこち走りまわって、みんなに愛想を振りまいて、とても幸せそうで、引き取ったときと同じ犬とは思えませんでした。

年末に突然連れて帰った、痩せっぽちの鶏ガラみたいだったジャック。退院して帰ってきたら、その倍以上の大きさになっていました。あんな虐待をされていても、ひねくれることもなく、天真爛漫に嬉しそうに走りまわっていて、昔の面影はまったくありませんでした。それを見た瞬間、引き取ってよかったと心底思い、ホッと安心して、嬉しくなりました。

母の聴導犬のような役目を

退院して家に帰ってすぐに気づいたことは、ジャックがいつも母のそばにいて、くっついて離れないということです。どうも、ただ甘えているだけではなさそうでした。見ていてわかったのですが、電話が鳴れば電話のところに走って行って吠え、人が来れば玄関先に吠えながら走って行ってと、母に知らせていたのです。

耳が遠くて、電話のベルも玄関のピンポンも聞こえない母の耳代わりになっていたことに、びっくりしてしまいました。ジャックはまるで聴導犬《ちょうどうけん》のようでした。昔は、プーちゃんが、聴導犬のようなことを少しはしていましたが、もうプーちゃんも高齢で耳が遠くなってしまい、代わりにジャックが大活躍していたのです。

聴導犬とは、聴覚障がい者の生活を安全で安心できるものにするために、生活に必要な音をタッチして教え、音源に導く犬のことです。

聴導犬は、音の種類によって飼い主への合図を変えることで必要な情報を正確に伝え、必要に応じてそれら音の発する方向へ誘導をします。とくに警報音が鳴ると、眠っている飼い主を起こし避難を促すなど、命を守る働きをするのです。

犬の聴覚は臭覚に次いで鋭い感覚です。その聴力は人間の約四～一〇倍にも及ぶといわれていますから、人間でもびっくりする雷の音などは、犬にとってはとてつもない音なのでしょう。

ジャックは、聴導犬とまではいかないものの、犬の鋭い聴覚で、それに近い働きをしてくれていました。私が入院して家にいない間に、母と一緒に力を合わせて生きていたんだ、ジャックもけっこう役に立ってくれているんだなと思って、ちょっと感動しました。


聴導犬になる犬は、飼い主に捨てられた子犬たちの適性を見て、保健所などの協力を得て選ばれるといわれています。その後、ソーシャライザーと呼ばれる子犬育てのボランティア宅で、人間を仲間として信頼できるように愛情をもって育てられ、度重なる適性テストを経て、聴導犬になるのです。

このように、捨てられてしまっても、ご縁があってまた引き取ってもらい、社会で活躍する犬たちがたくさんいます。犬は人間にない特別な能力を持っているのですから、一匹でも多くの犬の特性を生かして、人と助け合って共生できる環境ができることを心より願います。

自宅療養中に災害救助犬の活躍を知る

退院して自宅療養しているときに、集中豪雨で隣の広島県で甚大な被害が出たことをニュースで知り、愕然としました。

二〇一四年八月、多数の死者・行方不明者が出た広島市安佐南区八木地区で起きた土砂災害の捜索現場では、多くの災害救助犬が活躍しました。

災害救助犬とは、地震や雪崩などで瓦礫《がれき》の中に閉じ込められてしまったり、山歩きなどで行方不明になった人たちを、犬の優れた嗅覚を使って見つけだす犬のことをいいます。

災害救助犬は瓦礫で脚をケガしても、釘やガラスで血だらけになっても、真っ黒になって、決してひるむことなく、体力の限界まで犠牲者を探し続けるそうです。見ているだけで涙が出ます。彼らこそ小さなヒーローだと思います。療養中に災害救助犬の活躍を知って、犬って本当に素晴らしいと感銘を受けました。

そして、広島の災害で活躍した災害救助犬のなかに、かつて捨て犬だった雑種の「夢之丞《ゆめのすけ》」がいたことも話題になりました。この夢之丞君は生後三カ月のときに捨てられ、県の動物愛護センターに収容されて、何匹かの犬と一緒に殺処分するためのガス室に入れられていたそうです。

殺処分寸前だったところをＮＰＯスタッフに引き取られ、訓練を重ねてきて、今回が初めての災害現場となったのです。そして、押し潰された家屋から一人の遺体を見つけたのです。一度は人間に見捨てられたものの、奇跡的に命を助けられた犬が、今度は人命救助を担う……。なんて素晴らしいことでしょう。

人間の勝手で捨てられ、殺処分されるはずだった夢之丞君の姿は、人々の心に感動を与えました。夢之丞君は人間に助けられ、また生きる希望を与えられて、まるで自分の命を助けてくれた人間に恩を返すみたいに、今、人間の命を救う仕事をしている。

人に裏切られても、人を嫌いになることもなく、人を恨むこともなく。人は勝手なことをしたというのに。でも犬は人を許し、愛し、癒し、助けようとしてくれる。一度裏切られたからといって心を閉ざさずに、大きな心で人を愛する。無条件の愛情を人に向けてくれる……。なんて大きな愛なのでしょうか。無償の愛とは、こういうことをいうのかもしれません。

犬というものは使命感が強く、自分の適性に合った何かが見つかると、その使命感が本能をくすぐって、大活躍する生き物です。人間の勝手で動物の命を、簡単に奪わないでほしい。動物は人間のために一生懸命頑張ろうとし、尽くそうとするのだから。そんなけなげで献身的な、かけがえのない命を大切にしてほしいと思います。

大きな役目でなくていいのです。ジャックのように母の耳がわりでも、番犬でも、癒しのワンちゃんでも十分です。みんな、何かの役目があってこの世に生まれてきたはずです。一匹たりとも無駄な命はありません。だから、殺処分するなんてとんでもない。

みんな、心の優しい飼い主にご縁があって、この世での使命を果たせる環境のなかで活躍してほしいものです。

ジャック、初めてのカットで見違える

ジャックは、真っ黒な毛が伸び放題で、モサモサに生えていましたので、退院してすぐ、開業したばかりの近所の動物病院に連れていって、カットしてもらってきました。

カットが終わって出てきたらビックリ。誰だかわからないくらいに見違えました。あまりの変わりように、手入れをすればこんなにも違うのかと驚きでした。

「とってもいい子でしたよ」と、トリマーの方から言われ、「立派なプードルですね」と褒められて、親バカですが、とても嬉しくなってしまいました。

九種混合のワクチン接種をしてもらい、狂犬病の注射も打ってもらって、登録も済ませて家に帰りました。これでジャックは、いよいよ本格的に我が家の犬となったというわけです。

ですが、腰に二箇所、大きなキズ跡があるといわれました。明らかに虐待されたときの傷に違いありません。ジャックも、耐えがたいさまざまな苦労があったのでしょう。でも、ひねくれることなく、育ってくれています。今、生きていてくれることに感謝の気持ちでいっぱいです。

カットから帰ってすぐ、ジャックは水道の蛇口に口をつけて水を飲みました。少し変わっているかもしれませんが、いつもこの飲み方で、美味しそうに飲んでいます。それから数日後、私が入院中に作った赤メノウの手製の首輪をつけてやりました。黒いジャックには赤色がよく似合うと思って。やっぱり、よく似合っていました。ちょっと男っぷりが上がったかも。ジャックも、嬉しそうです。

天真爛漫なジャック。これからもっと幸せになろうね。

飼い主によって、犬も猫もその人生が決まります。きちんとした優しい人に飼われて、世の中の動物たちが一匹でも多く幸せになってほしいものです。

ジャックは近所の人気者

ジャックはしょっちゅう脱走して、近所の田んぼや畑に行ってしまいます。

「あっ、おじちゃんだ！」

ジャックは、よく畑にいるオジサンが大好きで、見つけると一目散です。そのオジサンも、ジャックをとても可愛がってくれて、私より断然なついています。

いつも母が追いかけて、プーちゃんと一緒にジャックを迎えにいくのですが、オジサンがジャックにお別れを言うと、ジャックは母に帰らないようにお願いするのです。

でも、オジサンも母も夕方は忙しいので、帰ることになってしまうのですが。そのとき、ジャックは、よく野菜をいただいて帰ります。

天真爛漫で人なつっこいジャックは、近所の人気者です。

近所の方に可愛がってもらえるって、ありがたいことですね。

ボクは今とっても幸せ

僕の名前はジャック。
ちょうど一歳の誕生日のクリスマスの日、
おしゃべりなオバサン二人のところにやってきて、それから運命が変わったんだ。
毎日、大好きなジャーキーをたらふく食べてご機嫌さ。
電話が鳴ったり人が訪ねてきたら、吠えてお母さんに教えるんだ。
そうさ、僕はこの家の番犬なのさ。

お母さんの車に乗って、一緒にお買い物に行ったり、
プーちゃんとお散歩に行ったり。
林や田んぼの中を走り回ったりして、
飛び回るコオロギやバッタを見つけるのが趣味なんだ。

毎日、やることがたくさんあって忙しいんだぜ。

僕は、近所の人気者なんだ。
毎日、近所をパトロールするのが、僕の日課。
「ジャックが来た！」って言って、
みんなが、喜んで歓迎してくれるのさ。
よく畑で採れたお野菜を、おみやげにもらって帰るんだぜ。

今日も明日も明後日も、毎日毎日、
僕は嬉しくって、みんなのところへ行って走り回るよ。
毎日、とっても楽しく楽しくてしょうがない。
もう一人じゃない。
僕は世界で一番幸せな犬に変身したんだ。

殺処分の現実と動物虐待・遺棄の禁止

環境省によると、二〇二二年度（二〇二二年四月一日〜二〇二三年三月三一日）に保健所などで引き取られた犬は二万二三九二頭。殺処分されたのは二四三四頭でした。引き取られた犬の一〇%以上が殺処分されていることになりますが、殺処分数は一〇年前の三万八四七七頭と比べると一〇分の一以下になっており、大幅な減少傾向にあります。また、引き取り数および殺処分率も減少しています。

しかし、殺処分が減ったといっても、いまだ一日に平均六頭以上の犬が殺処分されているのが実情であり、人間の都合で命を奪われている犬がいることには変わりはありません。

動物愛護センターで保護されている犬が殺処分される理由は、以下のように分類されています。

●譲渡することが適切ではない（治癒の見込みがない病気や攻撃性がある等）
●闘犬として訓練された犬、動物衛生上または公衆衛生上問題となる感染症に罹患している犬、飼い主等を再三咬んだ履歴を持つ犬など
●愛玩動物、伴侶動物として家庭で飼養できる動物の殺処分
●施設の収容可能数等により飼育困難となった犬、高齢・大型犬・人に馴染まないなどで里親希望者が見つからない犬など
●引取り後の死亡
●運搬、飼育管理中に殺処分以外の原因で死亡した犬

（出典：環境省　動物愛護管理行政事務提要の「殺処分数」の分類）

二〇二二年度の保健所の引き取り数二万二三九二頭の一二％、二三九二頭が飼い主からの引き取りです。一年に二四〇〇頭近い飼い犬が保健所に引き渡されているのです。

それらはすべて、死後の譲り先のことを考えていなかった、家族と相談していなか

った、一度飼うと決めたにも関わらず最期まで責任をもって世話をしなかった、飼い犬を家族の一員として扱わなかったなど、人間の身勝手無責任な行動のために起こるものです。

残りの八八%は野犬や迷い犬など所有者不明の犬です。しかし、ここにも人間の無責任さが感じられ憤りを覚えます。

適切な飼育環境で育てていれば、ほとんどの場合、迷い犬は生まれません。また、野犬の多くは迷い犬が産んだ子どもです。迷い犬が去勢避妊手術をしていればこのような不幸な境遇の犬は生まれないのは明らかです。

飼い主が保健所に引き渡す理由としては、飼い主の死亡（家族が引き渡し）、何らかの事情による飼育放棄、近隣からの虐待通報などがあります。

動物虐待とは、動物を不必要に苦しめる行為のことをいい、正当な理由なく動物を殺したり傷つけたりする積極的な行為だけでなく、必要な世話を怠ったり怪我や病気の治療をせずに放置する、充分な餌や水を与えないなど、いわゆるネグレクトと呼ばれる行為も含まれます。

動物虐待は密室で起こっているので現状が見えにくく、実際に起こっている動物虐待は発覚件数の一〇倍はあるといわれています。実際、日本では特に最近、酷い動物虐待事件が多発しています。


動物の虐待や遺棄は法律的に禁止されています。愛護動物を虐待したり捨てたりする（遺棄する）ことは犯罪です。

「動物の愛護及び管理に関する法律」により、愛護動物の遺棄・虐待には罰則が定められています。令和二年六月の法律改正により、その罰則が強化されました。

- 愛護動物をみだりに殺す、傷つけた場合
  ↓五年以下の懲役または五〇〇万円以下の罰金
- 愛護動物に対し、みだりに身体に外傷を生ずるおそれのある暴行を加える、またはそのおそれのある行為をさせる、えさや水を与えずに酷使する等により衰弱さ

せるなど虐待を行った者
↓一年以下の懲役または一〇〇万円以下の罰金
・愛護動物を遺棄した者
↓一年以下の懲役または一〇〇万円以下の罰金

※愛護動物とは
1　牛、馬、豚、めん羊、山羊、犬、猫、いえうさぎ、鶏、いえばと及びあひる
2　その他、人が占有している動物で哺乳類、鳥類又は爬虫類に属するもの

「動物虐待は凶悪犯罪の予兆」というようなことをよく耳にすることがあるのではないだろうか。

動物虐待する人は人間に対する犯罪者予備軍と言われています。

それでは、本当に動物虐待が、人間に対する暴力のサインとなりうるのだろうか。

実際、すべての連続殺人犯が人を殺す前に動物を虐待しているわけでもなく、また、

凶悪犯罪の前に必ず動物虐待が発生するわけではないが、ここ半世紀ほどの学術的な研究において、動物虐待が対人暴力と連動しているリスクがかなり高いことが示されている。例えば、子ども虐待、高齢者虐待やドメスティック・バイオレンス(DV)などの家庭内暴力が発生している家庭において、ペットも虐待されている確率が高いことが示されている。人間が暴力を振るわれているところでは動物に対しても暴力が振るわれている可能性が高く、また、動物に対する暴力にさらされるだけでも様々な悪影響が出る危険性があるということになる。犯罪行為、暴力行為はだんだんとエスカレートする可能性が高くなる傾向にあります。凶悪犯罪が増えるなか、動物虐待の犯人を厳しく取り締まることは、我々人間の安全も守ることにもなるのです。ですから、動物が好きな人はもちろん、動物が好きではない人も、動物虐待を厳しく取り締まる必要性を知っていただきたいと思います。

欧米では、このようなことは考えられません。アニマルシェルターの発達したドイツでは、犬猫の殺処分はないそうです。アメリカではアニマルポリスがいて、動物虐待があればすぐに犯人は逮捕されます。動物の命に向き合うことについては、日本はまだまだ圧倒的に遅れているのです。

ペットはおもちゃではない

世の中には、犬を買う人間と売る人間がいます。日本中のたくさんのペットショップで、犬や猫の販売を行っています。所狭しと陳列された小さなゲージの中で、子犬や子猫たちが売られています。深夜営業する店も少なくありません。クリスマスプレゼントにペットショップで犬や猫を買うといった、命をモノ扱いするといったことが当たり前に行われています。

こういった需要がある限り、この先もペット産業は活性し、反比例してその陰で処分されていくペットたちが増えていくことでしょう。命あるものに対して、ぬいぐるみを買うように衝動買いしては、とんでもないことになってしまうことは目に見えています。そのときには欲しくても、すぐに飽きてしまい、簡単に捨ててしまうようなとんでもないことが日常茶飯事にあるのです。

ペットは〝物〟ではありません。我々人間と同じく、生きていて大切な命を持ち合わせているのです。飼うことができる環境、一緒に暮らしている人のペットに対する理解など、飼うことができる条件をすべてクリアしてから、ペットを迎える必要があります。そして、自分勝手な都合を言い訳に彼らを捨てないでください。保健所に保護された動物は、自治体によって差はありますが、引き取り手がなければ三～七日後には殺処分されてしまうといわれています。

ペットを迎え入れるとなると、真っ先にペットショップへ行く人が多いかと思います。しかし、保護施設から迎え入れれば、助かる命があります。保護施設にいる犬たちも譲渡不適切な子もたくさんいて、すべて引き取ることは不可能ですが、保護施設や保健所にいる犬たちを考慮に入れるようにするべきです。

とはいえ、ペットショップにいる動物たちも、どうなるかわからない境遇にいます。このように、悪質なブリーダーによる繁殖用の犬や猫が劣悪な環境に置かれる問題や、ペットショップの売れ残り問題など、たくさんの問題が山積みされています。

ペットショップにいるような血統書付きの犬でも、売れ残って大きくなってしまえば価格も下がります。障害や病気があるような犬たちは、余剰犬ビジネスと言って、治療費などの様々な付加価値をつけて違った意味で高額で売られるといったような事実もあります。いずれにしても売れなかったら、いくら高額な血統書付きの犬たちでも先は知れています。

時代は変わり、保護犬や余剰犬も譲渡にかかった高額な費用を必要とするビジネスになり、さらに複雑になって、二次的被害でこういった犬たちを余計苦しめるようになっているような気がします。人間の都合で苦しむ罪がない犬たちは，本当に可哀想で仕方ありません。

また、現実的に飼ってみると、生きていれば当たり前のことなのに、糞尿をするので汚い、思ったより臭う、面倒だとか言って、飼って三日もたずに保健所に連れていった、という話を聞いたことがあります。こういう人たちは、何度もペットショップで買っては、イメージが違うから、飽きてしまったから、大きくなって可愛くなくなったからと言って、そんな絶対にあってはならない理由で保健所に持ち込む人もいます。まるで、おもちゃ感覚です。

私の身近にもそんな人がいますが、良心の呵責や罪の意識がまったくありません。命ある生き物に、人間の都合で、まるでゴミのように処分されていることに憤りを感じます。

そんな人たちも、簡単にペットショップで動物たちを買うことができる、というところに問題があると思うのです。需要がある限り、悲しいけれど、こういう悲惨な出来事は続いていくのではないでしょうか。

ペットたちを一番苦しめているのは、そうした〝中途半端な動物好き〟がいるからではないかと思います。流行っているから、見た目がいいからという、高級なブランド品を買うような感覚です。動物たちは、ファッションではありません。

「ワタクシの犬は父親がチャンピオン犬で、同じ血統書付きといっても、そんじょそこらの犬と違いますのよ」などと、珍しい犬種だとか、百万円くらいよりもっと高価なものだと言って、虚栄心のみで飼っている人たちもいます。

また、自分を癒すためと言って道具感覚で買い、思い通りにいかないと、もういらないとすぐに捨ててしまう。そういう人たちには、命を預かっている意識なんてまったくないのです。人間性やモラルの問題ですが、飼い主の意識を変えることは難しいので限界があります。それがなんともやりきれません。

動物の扱いが変われば国が変わる

インド独立の父、マハトマ・ガンジーが残したとされる言葉のなかに、次のような有名な言葉があります。

"The greatness of a nation and its moral progress can be judged by the way its animals are treated."（国の偉大さと道徳的発展は、その国における動物の扱い方でわかる）

これはマハトマ・ガンジーの有名な言葉です。この言葉の意味は、動物に対しての扱いが豊か、寛大であれば、その国も偉大であり豊かで平和であるということではないでしょうか。残念ながら動物福祉の点において日本は後進国であり、道徳も国の偉大さも持ち合わせていないのが現状だと思います。動物に優しくない国が人に優しい国だとは思えません。現状のままなら、いつまで経っても可哀想な犬や猫たちが後を絶たないでしょう。非常に残念です。

自分勝手な理由で愛犬を手放す人には、海外のように多大な罰金を支払う制度を設ければ安易に飼う人がいなくなり、捨て犬も減るのではないかと思います。動物たちへのひどい扱いがこれからも変わらないとしたら、日本という国は何も変わらないはず。

先のガンジーの言葉の意味の裏を返せば、動物の扱いが変われば国が変わる、ということだと思います。それは、個人個人の動物に対する心構え、価値観の改善の積み重ねではないでしょうか。裕福ではないにしても可愛がってもらっている飼い犬は幸せそうな顔をしています。そういった慈愛の価値観をもつ人たちが増えていくことで、人も動物も暮らしやすい優しい世の中に変わっていくのではないでしょうか。

国とか法律とかいう以前に、もっと日常レベルでの、我々一人ひとりの考え方が重要だと思うのです。命に対する、一人ひとりの意識の向上が必要なのです。

もちろん、これは、対人間に対しても同じことがいえます。弱いものをいじめる行動は、動物たちだけではなく、弱い立場の人間に対しても確実に向かってきます。強いものが弱いものを虐げる、そんな世の中で、良いことが起こるはずがありません。強いものが弱い立場のものを助けて守っていく。そんな社会が理想ではないでしょうか。

当たり前ですが、動物たちにも心があって感情があります。みんな幸せになりたいと心から願っているのです。一人でも多くの方が、小さな生き物の命を大切に思う気持ちを持ってほしい。そうすれば、無念で悲しい亡くなり方をする犬や猫たちがきっといなくなるはず。そういった弱い者に対し優しい気持ちでいることは、人も動物たちも、社会全体で見て、もっと幸せに暮らしていける環境になることは明らかだと思います。

第4章 売れ残りプリンスとぶる公のシンデレラストーリー

売れ残りのプードル・プリンスとチワワ・ぶる公との不思議な出会い

保健所収容の犬や猫と違って、ペットショップの売れ残りも一目で見えない分、悲惨です。元々ペットショップでペットを買う気などさらさらなく、そんなところとは無縁と思っていましたが、そんな考えを覆すような信じられない出来事がありました。

二〇一六年のある日、退院してから月に一回程度の定期診察に行くことになり、その前に、いつも寄って買い物をするホームセンターに行きました、その奥にはペットショップがあるのですが、自分には無縁だと思いながら、どんな犬や猫がいるんだろうか？　と気になって単なる興味本位で覗いてみることにしました。

血統書付きで十数万円から数十万円という高価な仔犬や仔猫がたくさんいました。

そこで一匹のレッドのトイプードルを目にします。当時一歳三カ月でもまだ十万円を切るくらいで高額でした。片目が少し潰れていてあまり手入れもされておらず、見なければよかったものの見てしまったので、気になって覗き込んでみました。
そのプードルはゲージの中をグルグルとずっと回って落ち着きがありませんでした。じっと見ていると、すべてを諦めたような無表情の顔をしていました。そのプードルの悲しい想念がテレパシーで突き刺すようにきました。

ボクは名無し
とりあえずついている商品名があるらしいが本当の名前ではないよ
ここにきてまだ少し。もう何度もあちこち連れて行かれて疲れた
ショーウインドウの中は窮屈だ。誰か出して。走り回りたいよ
ボクはお父さんが有名なチャンピオン
だから絶対に、いいところに引き取られるよ
ずっとそう言われながら、どれくらい経つんだろう
最初は、可愛いってちやほやされたけど
触るだけ触ってみんなどっかへ行ってしまったよ
あちこち行ってる間に、ボクは仔犬ではなくなった

今になっては、誰もボクを見ず、ボクを呼んでくれず、誰もボクに触れない
周りには小さい仔猫仔犬はたくさんいて、みんなそっちばかり見てる
みんな大きくなったボクなんかどうでもいいんだね
ボクはだんだん透明になっていく
もう誰にもボクが見えないんだ
ボクはここにいる　ここにいる
目が痛いよ　だれか助けて　ここから出して

このメッセージを聞いて胸が締めつけられるような気持ちになりました。売れるのか心配でしたが、急いでいたのでその日は立ち去りました。

次の診察の時にも、その次の診察の時にもまだ売れ残っていて、価格はさらに下がって、もう一歳半は過ぎてしまっていて底値だとその時感じました。このまま買い手がなかったらどうなってしまうんだろう。急に心配になって、次の診察の日にまだいたらその時考えようと思いました。

気になりながら、次の診察の日に恐る恐るそのホームセンターのペットショップに立ち寄りますと、なんとそのトイプードルはいませんでした。

売れたのか、いやそんなことあるはずはない。とても悪い予感がしたので店員さんに聞いてみますと、やはり売れてはおらず、裏の方にいました。半年近く置いても問い合わせもなかったので、またしてもどこかに行く予定だったそうです。やはり悪い予感は的中しました。

「すみません。お願いですが、あのトイプードルを私に売って下さいませんか?」そう言ったら、店員さんは喜んですぐさま裏から連れてきてくれました。

するとそこには、なんと生後八カ月の白黒のチワワも一緒にいました。そのチワワはペットショップを移動するたびごとに店員が二回も落として頭蓋骨陥没したことがあり、売り物にならないというのです。売り物にならない二匹が引き取り屋を待ってか、裏でゲージに待機していたところでのグッドタイミングでした。

想定外の出来事でしたが、この犬たちには縁があると確信して、一瞬でこの二匹を購入することに決めました。片目の潰れた一歳七カ月という月齢を重ねすぎたトイプードルと頭蓋骨陥没の痕がある生後八カ月のチワワ。

この売れ残りというよりも売り物にならない二匹の行く末は知れています。今どうにかしなければ絶対に後悔する……。ずっと気になって頭にはありましたが、くるべき時はきたという感じでした。

店員さんは良心的で、この二匹はいつどうなるかわからないから犬の代金は取らず、平均的な愛護団体に引き取られるときに払われる、かかった経費の額と同じくらいのもので済みました。

金額はどうでもいいのですが、これまでかかったワクチン代と血統書の交換代だけお支払いしました。ここは良心的な店のほうで、先行き不明の二匹に突然の引き取り手が現れたと、とっても喜んでくれました。

このトイプードルはお父さんが有名なチャンピオンだったそうで貴公子から「プリンス」、白黒チワワはフレンチブルドッグみたいなので「ぶる公」と名付けました。

ペットショップの売れ残りというか、それを越して非売品だったプリンスとぶる公は、こうして我が家の一員になりました。

ボクは世界で一番幸せな犬になったんだ！

「一緒に帰ろう」と言うと無表情だったプリンスが一気に笑顔を取り戻しました。
その時の嬉しそうな顔を今でも忘れません。

あれからどのくらいの時が過ぎただろう
ボクは何も感じなくなった
もう心まで死んで透明になってしまったんだ

そんな時にあの人が現れた
あの人だけはほかの子を見ずにボクだけを見ていた
あの人にはボクが見えるんだ
ボクは不思議でたまらない

心が死んで透明になっていたのに
あの人がゲージから出して抱っこしてくれた時に
思わず嬉しくて吠えてペロッと舐めてしまったんだ

そしてボクに名前がついた
お父さんがチャンピオンだからお前はプリンスだって
ボクはプリンス
あの人が名前を呼ぶたびに　ボクの心に色がついていく
ボクはもう透明じゃない
ボクは嬉しくて走り回る
ボクはプリンス
世界一幸せな犬になったんだ

ペットショップで犬を購入するなんて、絶対にあり得ないことでしたが、月齢を重ねすぎたり怪我や病気の子を実際に目のあたりにして現実をみると、どうしても放ってはおけませんでした。

いくら血統書付きの高価な犬でも、売れ残ったら本当に悲惨です。最後はどうなるか知れています。プリンスやぶる公みたいに月齢を重ねても売れない子は、溢れるほど世の中にいるでしょう。その末路は知れています。

それからは、そのペットショップはもちろんどこのペットショップも覗いてみることすらしませんでした。次々生ませては売る繁殖業界。助けてもキリがない。加担することになってしまうので、可哀想ですが蓋をすることにしました。

できることなら、皆助けてやりたい。でも今のペット業界自体に根本的な問題があるので、蛇口を締めなければどうにもならない。

私にはペットショップの犬猫の背後に、哀しい一生を終えた子たちの影が見える。表面的に可愛いとしか見ていない人は真実に目を向けていない。

ペットショップで売られている犬や猫は私にとっては可愛いと思う以前に、哀しみの対象にしかすぎませんでした。

ペットは生きていて大切な命を持っているのです

今回の自分自身が体験したことで、命というものは絶対に売ったり買ったりするものではないと教えられました。ペットショップなんて絶対いらない、そう思わせる自らが体験する出来事でした。

縁があって我が家にやってきた訳ありの二匹は、みんなと仲良く幸せに楽しく暮らしています。

ペットショップの売れ残りの犬や猫もですが、実際その時は欲しいからと思って買った犬や猫でさえ、簡単に捨てる人がいます。私も以前ペットショップで犬を買った人から、どうしても飼えないからと保健所に行く前に、何匹か引き取ったことがあります。無責任甚だしい話ですが、こういうことは沢山あるのです。

このように、保健所にいるというだけでなく、別の問題でペットショップにいる動物たちも、いつどうなるかわからない境遇にいます。

ペットショップの子たちは、今の愛護法でそのまま保健所には連れていけないことから、引き取り屋など闇で目に見えない形で処分されていることを考えると恐ろしい。可愛い盛りの二、三カ月が過ぎれば、価格がだんだん下がっていき、最後に売れ残ったらどうなるか知れていません。それ以前に、もし病気を持っていたり、身体のどこかに異常や奇形があったりすれば、もうそれは商品価値がなくなって何らかの形で処分されることが多いのです。

ブランド志向だけの価値観の人たちは、何度もペットショップで買っては、イメージが違うから、飽きてしまったから、吠えてうるさい、大きくなって可愛くなくなったからと言って、驚くべき、想像もつかない、絶対にあってはならない無責任な理由をこじつけて、おもちゃ感覚でぬいぐるみを捨てるかのように捨てたり保健所に持ち込んだりするケースは少なくありません。

ペットは〝物〟ではありません。我々人間と同じく、生きていて大切な命を持っているのです。

ペットたちを一番苦しめているのは、そうした〝中途半端な動物好き〟がいるからではないかと思います

そういう人たちには、命を預かっている意識なんて全くない。いらなくなったら捨てる。見栄と虚栄心の塊で、命の尊厳のかけらもない。命に関する価値観が全くおかしい。

少しずつ、本当に少しずつですが法律の改善をくり返したり、消費者である私たちが声を上げていき、状況がより良くなっていくことを望んでいます。

ペットショップが日本に根付いているのであれば、批判するだけでは何も解決しないので、例えば里親を新しく募集する仕組みだったり、犬も猫も人も幸せな道を選べるよう手段や方法を日々模索していく必要があると思います。

ペットには何の罪もありません。ですからペットショップでこれまで買われた方は、今まで通り可愛がってあげて下さい。

そして次に飼われる時は、保護犬や保護猫を選択肢に入れて下さるように、どうかお願いいたします。

第5章
心を閉ざしたマロンちゃん

老犬のポメラニアンとの不思議な出会い

これは、プーちゃんを飼うちょっと前に飼っていた犬のお話です。

それはそれは、とっても不思議な出会いでした。

ある春の日、遠くにある病院へ行った帰り道のことです。通院していた病院からは山道を通って帰るのですが、そのとき道路で茶色い物体を目にします。タヌキが車にはねられて横たわっていると思って見ていたら、なんだかちょっと違うような感じもする。通り過ぎようとしたら、

「痛いよう、痛い！　助けて‼」


と、どこからともなく声が聞こえてきました。まさか、あのタヌキ？

車を止めてもらって、横たわっているタヌキのところに走って行ってみると、なんと、ビックリ。タヌキではなく犬、ポメラニアンだったのです。右前脚がブラブラでしたが、まだ生きているようでした。

すぐに車に乗せて、動物病院に連れていき、M先生に診察してもらいました。栄養失調と、交通事故による前脚の骨折と診断されました。しかも雑音がして不整脈もあって、心臓がボロボロだとのこと。

毛にはかなり白髪が混ざり、眼は白内障で濁っていて、歯がまったくないことからも、一五歳前後のかなりの高齢と思われました。右脚の骨折の治療をすませて引き取ったとしても、心臓がかなり悪いことから、あまり長くは生きることができないだろうと言われました。

このポメラニアンは、年をとって山に捨てられ、さまよっている途中で車にはねられたようです。捨てた飼い主には、情というもののかけらもないのでしょうか？　どんな理由があったにしろ、飼い主の人間性を疑います。

それから一週間で退院し、その子は我が家へやってきました。名前はマロンと名づけました。

マロンちゃん、最後だけでも幸せに生きようよ。なるべく長生きして、我が家で一緒に楽しく暮らそうね。

父と母に慣れて、心を開く

マロンちゃんを家に連れて帰ったものの、身体じゅうの毛があまりにも汚いし臭い。皮膚が赤くただれているので、まずはシャンプーをすることにしました。洗ってビックリ。何度洗っても水がきれいにならずまっ黒で、洗面器いっぱいにノミが浮いている……。もしかしたら、こんな年になるまで、一度も洗ってもらったことがないのかもしれません。

M先生からも、この犬は生まれてからずっとほったらかしで、まったく手入れがされていないようだと聞いていました。こんなことあり得ない、と思いながら、何度もシャンプーしました。

身体は奇麗になったものの、重篤なのは心の問題でした。マロンちゃんはまったく心を開いてくれないのです。ブルブルと震え、おびえた状態がおさまらず、触ってもすぐに怒って噛みつこうとするのです。歯がないので痛くはありませんでしたが。

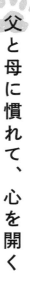

警戒してウーウーとうなって、誰にもなつきません。一度虐待を受けて捨てられた犬は、心に大きな傷を持っているものです。一度は人に飼われて信用していたのに、結局捨てられた、という悲しい思いが絶対的な人間不信にさせるのです。

そしてさらに、捨てられてからも危険な目にあったり、いじめられたり邪険にされたりして、完全に心を閉ざしてしまうのです。でも、それは当たり前のことかもしれません。一度絶望のどん底を味わった犬を里親として受け入れるということは、それ相応の覚悟と決心がいるのだと、実際に引き取ってみて痛感しました。

人間に虐待されて、捨てられて、生きるか死ぬかの悲惨な目にあって、心が凍りついてしまった犬たち。その心に張ってしまった氷を、また人間の手で溶かしていくのは非常に大変なことです。人をまた信用できるように、愛情を持って犬の心の修復作業を一つひとつ重ねていく必要があるのです。

マロンちゃんに恐る恐る近づいても、怒って逃げてしまいます。すぐに心を開いたのは、毎日ご飯を与えていた母でした。そして、なぜか父にもすぐになつきました。

結局、マロンちゃんは、なぜだか私にはまったくなつくことはなく、人畜無害という程度で関心もなさそうでした。でも心を閉ざしていたのに、毎日楽しそうに暮らすようになってくれて、ホッと胸をなでおろしました。

嬉しそうに尻尾を振って、初めて父と母の手や顔をなめたときの感動は忘れません。はじめは痩せこけて、人を怨むような信用しない目つきをしていて、生きる気力もなく、どうなることかと思いました。でも気づいたら、あっという間に、まん丸お目目の甘えん坊さんになっていました。精神状態も良くなってきて、表情も豊かになり、笑ったような嬉しそうな顔つきに変わってきたのが印象的でした。

マロンちゃんは、抱っこしてもらうのが大好きで、父や母に抱かれて散歩するのが日課でした。右前脚の骨折は完全には良くならなかったものの、三本足でも上手に走れるようになりました。栄養状態が良いからか毛ヅヤも良くなってきて、かなりの高齢でしたが、若返ったように見えました。

拾ってきたときのすさんだ面影は、どこにもありません。マロンちゃんは、これまでの時間を取り戻すかのように、どんどん元気になっていったのです。

ワタシは捨てられてしまったの

ワタシはポメラニアンの女の子、というか、もうお婆さん。
名前は、昔はあったけれど、遠い昔のことだから覚えてないわ。
器量よしだったので、ペットショップで高額で買ってもらったの。
子犬のときには、家族のみんながとっても可愛がってくれた。
ぬいぐるみがころがっているみたいねって。
何をしても可愛い可愛いと喜ばれ、可愛がられて。
どこに行くにも連れていってくれたわ。
そして、みんなに可愛いでしょうと自慢するの。

お風呂もよく入れてくれて、
ブラッシングして、カットにもしょっちゅう行ったわ。

いつも可愛いおリボンをつけてもらって。
散歩も毎日、連れていってくれたのよ。
夜は毎晩、あったかいお布団のなかで誰かと一緒に寝て。

でも、そんな楽しい日々は、あっという間に過ぎていった。
時が過ぎていくにつれて、
ワタシは可愛い子犬ではなくなってしまった。
そうしたら、みんなにかまってもらえなくなって。
一生懸命にみんなの気をひこうと頑張ったけど、
何をしても無駄だったわ。
ワタシは、もうみんなに飽きられてしまったの？

それから年を追っていくごとに、
まったく誰からも相手にされなくなっていき……。

ワタシを見ることすらしてくれなくなったの。
みんな、ワタシなんていないかのように無視するのよ。
一番つらいのは、飼い主から無視されること。
ワタシ、何か悪いことしたのかな？
理由もなく無視されるのって、とっても悲しい。

そしてとうとう、
ずっと窓のない光も差し込まない倉庫の中に入れられて、
閉じ込められっぱなしになってしまったの。
散歩するなんてとんでもなくて。
御飯も水もろくにもらえない。
お風呂にもずっと入っていない。
身体が痒《かゆ》くてしょうがない。せめてお風呂に入りたい。

家には、また新しい子犬がやってきたみたい。
みんなは可愛い子犬に夢中。
子犬の鳴き声と、みんなの楽しそうな笑い声が聞こえてくる。
ワタシはこの家で、必要がない無用な存在なんだ。
年老いて古ぼけた犬なんて、もういらないのね。

だからワタシは、ボロ雑巾のように捨てられてしまったの。
ある日、車に乗って遠くに連れていかれて、
嫌がってもがいたのに、山の中で急に降ろされたのよ。
「助けて!」って、大声で叫んだのに、
後ろを振り返ることなく、私を置いて車は走り去っていった。
こんな何もないところに置かれて、
おまえなんかどうでもいい、死んでしまえということなのね。
こんなヒドイことして。人間なんて絶対に信じない。

もうワタシには何もない。どうにでもなれ。

それから何日が過ぎたんだろう？
山の中の夜は、真っ暗でとっても怖いのよ。
もう何日も何も食べてない。フラフラしてきた。
あっ！　目の前に車が走ってきた。
でも脚がもつれて逃げられない。
これでもう終わりだ……。
それから、目が覚めたら病院にいたの。
前脚が痛くて動かない。
でも、まだ生きていたんだわ。

それから、ワタシと同じような年の
お父さんお母さんがいるお家に行った。

なんだかよくわからないけれど、とっても優しくしてくれるの。
ここは今までのお家とまったく違ってビックリ。
お風呂にもよく入れてシャンプーしてくれて。
毎日、美味しいご飯を食べて。
歯がないから、柔らかいものを食べさせてくれるの。
夜は毎晩、あったかいお布団で一緒に寝るの。
車に乗ってドライブにも連れていってくれるのよ。
お散歩にも毎日連れていってくれて。
歩くのがめんどうくさくなったら抱っこしてもらうの。
抱っこしてもらって、お話をしながらの散歩もとっても楽しい。
何をしても、とっても優しくしてくれるわ。

こんなに年取った老いぼれでも、
「可愛い可愛い」って言って、とっても可愛がってくれるのよ。

不思議でしょうがない。でも嬉しい。

人間も捨てたものじゃないわね。

こんな日がもう一度くるなんて、夢にも思わなかった。

ようやく幸せになれたのね。

こんな楽しい日々が、これからもずっと続きますように。

ワタシも期待に応えて、まだまだ頑張って生きていかなくちゃ。

奇跡の三年間

マロンちゃんは、引き取ってから約三年間、生きてくれました。

毎日の生活に張りがあったのでしょう。一生懸命に頑張って生きている感じがヒシヒシと伝わってきました。

もともと、心臓と肺がかなり悪かったことから、家に来て二年半が過ぎたあたりから咳き込むようになり、歩いていても呼吸が苦しそうでした。口の血色も悪く真っ青でしたが、気丈に生きていました。

それから日を追うごとに、体力がなくなってきて、だんだん痩せてやつれていきます。散歩には、父か母が抱っこして行くようになりました。それでも散歩が大好きでしたので、いつも楽しみに待っていました。

ある寒い日の朝、マロンちゃんは倒れて動かなくなってしまいます。動物病院に行きますと、心臓発作ということでした。注射や点滴をして、そのときは一命を取り留めたのですが、またすぐに倒れてしまいます。このように心臓発作を繰り返しているうちに、マロンちゃんの体力はなくなり、憔悴していったのです。白髪もいっぺんに増えて、見るからに痩せてきてやつれてしまいました。

M先生は、「拾ったときの状態から考えても、三年も生きるなんて考えられなかった。これは、奇跡に近いです。よっぽど、生きていたいという強い思いが生きる力となっているのでしょうね」

と、おっしゃいました。たしかに、せっかくつかんだ幸せを逃したくないと、生きているいることにしがみついているような感じすらしました。その生きたいという思いは、執念のようですらありました。ずっと生きていて、少しでも長く、家族のみんなと一緒に過ごしたかったのです。

マロンちゃんは、心臓発作を繰り返しながら、がむしゃらに頑張って、何度か意識を失ってもどうにか持ちこたえて、ものすごい気力で生きてくれました。

でも、それから半年後の五月に亡くなってしまいます。チューリップがきれいに咲いているときのことでした。ずっと呼吸困難で脈も速く、口はチアノーゼで血色が悪く、最後までとても苦しみました。

最後に、父と母に向かって、口をパクパク動かして何かを言って、それからすぐに息を引き取りました。それが、私には「ありがとう」と言っているように聞こえたのです。

亡くなったときの顔は、なんとも安らかな、満足したような表情をしていました。苦しみましたが、きっと天寿を全《まっと》うしたのでしょう。マロンちゃんは、苦しくても最後まで頑張って生き抜いてくれました。本当に頑張り屋さんだったと思います。

マロンちゃんが亡くなって、母はとても悲しみました。でも一番悲しんだのは、意外にも父でした。父は昔から猫は好きでしたが、こんなに犬を可愛がったのは初めてだったと思います。抱っこしながら散歩をして、マロンが喜ぶからと言ってしょっちゅう車に乗せてドライブにも連れていったり。気づけば、一番可愛がっていたのは、父だったのです。定年退職してからの、一番気の合う友達だったのだと思います。

マロンちゃんは何度も発作が起きて危険な状態がありましたが、発作が起きるたび、父は動物病院に連れていってくれていました。亡くなったとき、父は、

「可哀想だけど、もう苦しまんですむ。悲しいけど、気持ちが楽になったよ」と、涙を流しながら言いました。父は、マロンちゃんの苦しんでいる姿を見ているのが耐えられなかったのでしょう。

マロンちゃんとの出会いは、今考えても本当に不思議でした。病院の帰りにその山道を通らなければ、もし時間がずれていたら、私がその存在に気づかなかったら……

など、何かのタイミングがちょっとでもずれていたら、マロンちゃんと出会うことはなかったのです。

ご縁があって我が家へやってきてくれたマロンちゃん。波乱万丈でつらい目にあったけど、最後まで気丈に生きてくれましたね。小さい身体でよく頑張りました。私があなたに優秀賞を与えてあげます。最後の生活は有意義で楽しかったですか？　そうだったら、私も嬉しい。

家の前の道路で、三本足でも思いっきり速く走っていたマロンちゃんの姿が、くっきりと目に浮かびます。今でも、走っている姿が一瞬見える気がすることがあります。チューリップが咲いているときにやってきて、亡くなってしまったマロンちゃん。

我が家のチューリップが咲く季節になると、いつもマロンちゃんと暮らした、楽しかった日々のことを思い出します。

第6章

ダックスくんを迎えに来たよ

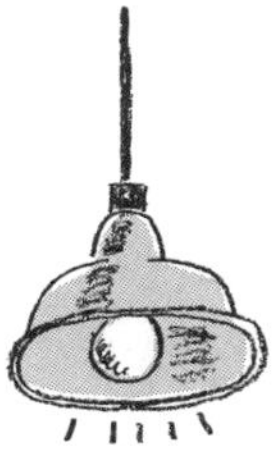

獣医師M先生へ追悼の意を表して

二〇一三年の夏に亡くなられた、女性の獣医師M先生にまつわるお話です。

その夏、私は入院していました。そして入院中に、ずっとお世話になっていたM先生の訃報を聞いて、ショックを受けます。

我が家の長老、一七歳半で亡くなったプーちゃんもその先生から譲り受け、亡くなられる直前までお世話になりました。M先生のお話は、『心からありがとう　猫たちの涙がとまらない感動物語』（KKロングセラーズ刊）にも載せています。

先生は、五〇代半ばとまだお若く、急な出来事でしたので、いまだに信じられません。先生とご縁がなかったら、プーちゃんとは出会っていませんでした。プーちゃんが元気に生きることができたのは、先生の熱心な治療のお陰にほかなりません。

動物病院には、訳ありの犬や猫たちがいつも何匹かいました。飼い主さんが高齢で亡くなったり、迎えに来ないままだったり、虐待をされて瀕死の状態でやってきたり……。さまざまな理由で飼い主を失った犬や猫たちでした。

M先生は、「みんな命があるのだから無下にはできない。生きている限りは幸せにならないとね」と言って里親をどうにか探して、引き取ってもらっていました。引き取り手がなかった犬や猫たちだけ、動物病院で飼われていたのでした。

「命を大事にしないといけないよ」。先生のその言葉が、ずっと心に残っています。

その動物病院では、いつも看板猫のタキシード猫さん二匹が出迎えてくれていましたが、この猫たちも、飼い主にそのまま置き去りにされてしまった猫でした。先生が亡くなってしまい、跡継ぎがいらっしゃらないので、残念なことに病院は閉院となってしまいました。

M先生は本当に優しく、弱い動物たちの絶対的な味方で、とても強い方でした。それに、病気ばかりしている私のことまでいつも心配してくださっていました。私の人生のなかで、こんなに素晴らしい方と出会うことは、もうないかもしれません。犬や猫たちを助けるために献身的な活動をされ、先生の手によって、たくさんの犬や猫たちが救われました。

亡くなってしまったことが、本当に惜しまれます。でも、先生の勇気ある行動は、今でも私の心の中でずっと輝いています。

先生に助けられた動物たちは数知れずいます。先生こそ、動物たちを体当たりで守る神だったといえます。虹の橋のたもとには、先生に救われたたくさんの動物たちが迎えにきてくれたことでしょう。そう思うだけで、涙があふれてきます。

M先生のご冥福をお祈りいたします。

ここで、亡くなられたM先生によって救われた犬の一匹、ダックスくんのとってきのお話をお贈りします。

動物病院の看板犬

プーちゃんの定期診察の際に、ケージの中にいる一匹の犬と出会いました。ミニチュアダックスフンドのゴールドで、本当の名前は知りませんが、ダックスくんと呼ばれていました。

優しそうな顔をしているのですが、寂しげな眼をしているのが印象的で、いつも私とプーちゃんをうらやましそうにジッと見ていました。何度か飼い主のもとへ帰ったようですが、また戻ってきてしまい、結局はM先生が引取られたようでした。

その事情を、思い切って先生に聞いてみることにしました。

おおまかに言うと、病気のダックスくんを連れてきた六〇歳くらいの飼い主が、飼えなくなったので保健所に連れていってしまうのです。すると、それを聞いて憤慨した飼い主のお父さんが保健所まで引き取りにいき、今はそのおじいさんが飼っているのだけれど、おじいさん自身が入退院を繰り返しているので、先生が預かっているということでした。

ペットショップで買った犬でしたが、息子夫婦は共稼ぎのため日中は家におらず、ダックスくんはほとんどお留守番状態でした。

ダックスくんは、その家では二匹目の犬でした。前の犬はペット禁止のマンションでもこっそり飼えるくらいおとなしかったので、ダックスくんも大丈夫だと思っていたら、年を取って認知症が始まったのか、吠えるなどの問題行動が多くなり、近所からクレームが出てしまったとのこと。

自分の生活環境を考えずに、しかもペット不可のマンションで飼っていたのですから、そんなことになってしまうのは当たり前です。引越しをするのは経済的に無理、躾《しつけ》をするほどの体力も気力もない。苦情が出るたびに、一戸建てに住む田舎に住んでいるお父さんに預かってもらっていたのだそうです。

先生が、親戚や知人に引き取ってくれる方はいないのかと尋ねると、父親が一戸建てに住んでいるので相談したけれど、足腰が悪く歩くのも困難なので難しいと言ったそうです。

「六〇歳のあなたでも手に負えないと感じている犬を、八〇歳を過ぎた親御さんに押しつけるなんて」

先生は唖然としました。年齢など関係なく、自立できない人間はいつまでたっても、すぐ親に頼るものです。

そして、先生は新しい飼い主を探すことをさらに勧めたのです。

思い悩んだ飼い主は、さすがに保健所へは連れていけないので、動物愛護団体に引き取ってほしいと電話をしたようです。その方は、これまで人生を歩んできて、いったい何を学んでこられたのでしょうか？　自分では努力せずに愛護団体に引き取ってもらおうとするなど、考えがあまりに安易で、先生はまた唖然とします。

あれから、少しは新しい飼い主探しをしてみたのだけれど、結局引き取手が見つからなかった……。まるで、小さな子どもの言い訳です。そして、ついにダックスくんは保健所に連れ込まれてしまったのです。さんざんお世話になった、お父さんにも先生にも内緒で。

ダックスくんは、飼い主に車に乗せられ、久しぶりのお出かけかと思いきや、着いた先は保健所。飼い主に置き去りにされた落胆は、どれほどだったでしょう。生きる気力がなくなってしまったのか、生気が感じられない。安易に保健所に連れていかず、新しい飼い主を探す努力をしてほしいとお願いしたのに。何の努力もせず放棄した飼い主に、先生も憤りを感じていらっしゃいました。

保健所は、新しい飼い主を探してくれるところではありません。世話ができないからと保健所に持ち込むなど、飼い主になる資格はありません。

「そんな簡単な気持ちなら、最初から飼うんじゃない！」

そう言って、ダックスくんが保健所に収容されたことを知ってすぐに引き取りに行ったのは、飼い主のお父さんだったそうです。ご自分自身、高齢にもかかわらず、このままではダックスくんが可哀想すぎると言って。いろいろ問題があったものの、お父さんみたいな優しい飼い主がいて、本当によかったね。

ずっと待っているよ

ボクの名前は……もう覚えていない。

名前で呼ばれたのは、もういつのことだろう。

ある日、ボクは、なぜかケージの中に入れられたまま、車に乗って、知らないところに連れていかれて。
着いたところは、動物たちの悲鳴が渦巻くとってても悲しいところ。
小さいオリの中に、何匹かの犬たちと閉じ込められていたんだ。

高い窓から細い光が差し込んでいるだけの暗いところで。
こんなところ嫌だ。いったい、ここはどこ?
一緒にいる奴が答えてくれたんだ。
「ここは保健所という、殺されるのを待っているところらしい。
いくら泣いても騒いでも、誰も迎えに来てはくれない。
オレたちにはもう希望はないんだよ。
誰からも必要とされない犬は、覚悟しなくちゃいけないんだ」

「そんなことはない。必ずあの人は、迎えに来てくれる」
最初のころは、誰かがオリの前を通るたびに、

あなたが迎えに来てくれたんだ、
そう思って、走り寄っていた。
早く迎えに来て。ずっと待っているよ。
でも、そんな期待は、何度も何度も裏切られて。
そんな日が続いて、ボクの心は完全にくじけてしまった。
ボクはあなたに本当に捨てられてしまったの？

それから、何日が経ったのだろう。
最初から一緒にいて、いろいろ教えてくれた奴は、昨日いなくなった。
後ろを振り向くこともなく、覚悟して、自分から飛び出していった。
最後までいさぎよい奴だった。

可哀想に。なんでこんなことになるんだよ？
アイツも、もう何ともならないのか？

そんなこと、考えている場合じゃない。
次は、ボクの番だ。
誰かが迎えに来てくれるなんて、期待するのが間違っていた。
年老いたボクなんか、
迎えに来てくれる人なんているわけがないんだね。

子犬のころは、何をやってもとても可愛がってくれた。
お家には、笑い声が絶えなくて。
みんなと一緒に暮らす毎日は、とても楽しかったよ。

ボクのことをもう嫌いになってしまったの？
何か悪いことしたのなら謝るよ。
もう誰も迎えに来てくれないの？
誰か迎えにきて。

見上げた空はとても悲しく、
家族と一緒に過ごした遠い思い出が心をよぎる。
孤独な夜はいつもあなたを思い出し、
心が壊れそうなほど淋しくて悲しくて。
迎えに来てくれる日を信じて待っていたのに……。

星も見えない夜空に願いを込めて、
もう一度あなたに会いたいと思いをのせて。
一緒に見上げたお星さま、お月さま、
あなたの笑い声、
思い出す楽しかった日々、
あなたがいればそれだけで良かった。
年老いてボロボロになってしまって、
もうボクには何もない……。

心が透明になって、何も感じなくなってしまったよ。
もう、どうとでもなれ……。

そして今日、いよいよオリが開いて、出てきなさいと言われた。
これで最後と覚悟した。
これから、殺されるんだ。覚悟を決めよう。
そう思ったのに、あそこにいるのは誰だ？
見覚えのある顔と声がする。
「あっ、おじいちゃんだ」
おじいちゃんは、ボクを抱きかかえて涙を流してこう言った。
「間に合ってよかった。ごめんな。
息子の身勝手でこんな可哀想な目にあわせてしまって。
ワシも年寄りだから、どうなるかわからないけど、
最後まで一緒に仲良く暮らそうや」と。

「ボクは、助かるの？　ありがとう、おじいちゃん」
暗くて恐ろしいオリの中から出ることができる日が
やってくるなんて信じられない。
嬉しくて嬉しくて。何も感じなくなったはずなのに、
尻尾をちぎれんばかりに振ってしまったんだ。
心にまた嬉しさが込み上げてくる。
いつまでもそばにいるよ。
おじいちゃん、ありがとう、ありがとう。

不吉な予感が的中

おじいさんは、息子が最近、ダックスくんを預けにこないので、不審に思って尋ねてみたら、保健所に持っていったと聞いて、あわてて迎えにいったそうです。

それから、ダックスくんはおじいさんと三年ほど一緒に暮らすことができました。

おじいさんは、ダックスくんをとっても可愛がっていました。しかし、引き取ったときにすでに八〇歳過ぎの高齢だったため、脳梗塞で倒れたのを機に入退院を繰り返しました。入院するたびに、M先生のところに預けていたそうです。しかし、犬を先生のところに預けたまま、おじいさんは施設に入ってしまいました。

ダックスくんも高齢だったので、もらい手を探すことなく、先生が引き取っておじいさんが帰ってくるのを待ちながら病院で飼っておられました。おじいさんは、ダックスくんを子供のように可愛がっていたので、とても心配されていたそうです。

それからしばらく経ったある日、プーちゃんの診察で病院に行ったとき、ダックスくんを見ると、なんとなく元気がありませんでした。なんだかとても不吉な予感がしました。そして、その不吉な予感が的中したことを次の月の診察のときに知りました。

病院に行くと、ケージの中でいつも待っているダックスくんがいないのです。先生に尋ねると、一週間前に急に、眠るように亡くなったということでした。不思議なことに、ダックスくんが亡くなったのは、おじいさんが施設で亡くなった次の日の朝のことだったそうです。

「おじいさんは、保健所に引き取りに行くくらい責任感が強く、情の深い人だったから、ダックスくんをおいたままでは死んでも死にきれなかったのでしょう。最後まで責任を持って、ダックスくんを一緒に天国へ連れていってくれたのね。これでよかったと思うしかないよね」

先生はそう言って、涙を流していらっしゃいました。

ダックスくんとおじいさんは、虹の橋のたもとで落ち合って、天国で仲良く暮らしているに違いありません。

身勝手な飼い主の「飼えない理由」

人の勝手な都合で捨てられる犬たちがたくさんいます。

子犬を安易にもらったり拾ったりすると、とんでもない悲劇が起こってしまいます。

実際、簡単に保健所に持ち込んだり、どこかへ捨てたりする、信じられないほど無責任な人たちがたくさんいるのです。保健所に持っていく主な飼育放棄の理由として、次のようなものが挙げられます。悲しいことですが、人間の勝手な都合に関わる事柄ばかりです。

- 問題行動（無駄吠え、脱糞、ボケ、咬《か》むなど）を起こす
- 仕事が忙しくて世話ができない
- 日常生活に財政的な支障をきたしている
- 飼い主が高齢のため
- 離婚もしくは別居して飼えなくなった
- 出産など、子どもができて邪魔になった
- 転勤や引っ越し先がペット不可なので飼えない
- 飼い主が入院もしくは死亡
- 大きくなって可愛くなくなった、飽きた
- 飼ってみたら感じが違った
- 運気を持っていると思ったら、そんなことはなかった

・犬が年老いて病気がちになったから
……などなど。

こんなわかりきった、情けない理由で、飼い犬を手放すことがあるのです。

彼ら犬たちには何の罪もありません。

当たり前のことなのに、犬たちが年老いて病気がちになったからと、捨てる飼い主も存在するのです。あなたが同じことをされたら、どう思いますか？

捨てられたペットたちの最期は、悲惨なものです。里親や、保護施設に保護されなかったペットは、悲しいことに殺処分されます。そんなひどい飼い主でも、その子にとっては飼い主なのです。

ペット不可の新しい家に住むために、飼っていた動物たちを犠牲にするのだとしたら、そんな人たちに新しい家でどんな幸せが待っているというのでしょうか？

また、最近は飼い主の「自分都合」という理由が多いだけではなく、飼い主が高齢化して飼いきれないケースや、飼い主が亡くなってしまった場合も多いそうです。人の高齢化の問題が、ペットにも影響しているのです。

一人暮らしの高齢者にとって犬や猫が生きがいになっている話はよく聞きますが、飼い主が亡くなっても、犬がよほど高齢になっていなければ、頑張って探せば引き取り手が見つかる可能性はあると思います。

とんでもない不届き者は、高速のインターで捨てたりすることもあるそうです。呆れるばかりですが、人間の身勝手さが動物の命を左右しているのです。こんなことをして、いつかしっぺ返しされることは間違いありません。

今現在も犬や猫が殺処分されているという現実があります。犬や猫が「どうして?」と言いながら、不本意なまま殺されているのです。

日本には、『動物愛護法』があります。その動物愛護法を一部抜粋しますと、

「動物が命あるものであることにかんがみ、何人も、動物をみだりに殺し、傷つけ、又は苦しめることのないようにするのみでなく、人と動物の共生に配慮しつつ、その習性を考慮して適正に取り扱うようにしなければならない。」

一方、日本には保健所があります。そこでは、人間の勝手な理由で飼育を放棄され

てしまった、犬や猫などの動物たちが窒息死させられます。この行為は、「動物をみだりに殺し……」の部分には該当しないのでしょうか?

保健所は税金で運営されています。私たちはお金を払って、動物を殺してしまっているのです。これは、私たち一人ひとりの問題だと思いませんか?

安楽死なんてない

動物たちの〝安楽死〟については、さまざまな考え方があります。医学的・心理学的・倫理的・宗教的に見て、いったいどういうものが安楽死なのでしょうか、それは、殺された動物たちにしか答えられないことかもしれません。でも、一つ言えるのは、我々人間に頼ってしか生きられない動物たちが、飼い主の身勝手で殺されるなんて、どんな手法を用いようとも、決して安楽死とはいえないはずだということです。

生きとし生けるものすべて、私たち人間も、いずれは死を迎えます。せめてそのときは、愛する人に見守られながら逝《い》きたいと思うのがふつうではないでしょうか。であれば、同じ家族であるはずの動物だって同じではないだろうかと思うのです。

現状では、保健所で数多くの悲劇の犬たちが「安楽死」させられています。ガス室で、炭酸ガスによる安楽死（実状は窒息死）を施され、焼却されるのだそうです。明らかに、安らかに死ねるはずなんてありません。相当苦しむに違いありません。

では行政側は、なぜ「安楽死」という言葉を使うのでしょうか？　こんなに苦しみもがいて殺されるのだということを、強くアピールしたほうがよいのに。そうでないと、安らかに死ねると勘違いして、安易に捨てる人がいなくならないと思うのです。

死を待つばかりなのに尻尾を振りながら、こちらに近づいて来る犬たち……。ガス室にいるその子たちの目は、最後の救いを求めているようで、直視できないそうです。犬や猫を飼ったことがなくても、ごくふつうの良心を持った人ならば、その姿を想像するだけで涙が止まらないはずです。

だいたいどうして、これからも家族に愛されて一緒に暮らすべき子たちが、こんな目に遭わなければいけないのでしょう。この子たちが、何かいけないことをしたとでもいうのでしょうか？

すべて、人間の身勝手な驕《おご》りが招いた結果だと思うのですが、そう思うのは私だけではないはずです。

飼い主に捨てられたとわかっていながらも、それでも人を最後の最後まで信じている犬たち。この気持ちを大事にして、どんなことがあっても裏切ってはいけないのです。

今この瞬間にも、多くの子たちが人の手によって傷つけられています。私たちが安穏と暮らしているこの瞬間にも、処分されてしまう犬や猫たちがたくさんいるのです。

それまで大切に飼われていた犬が、飼い主のライフスタイルや気分の変化に伴って、オンリーワンの大切な犬から、興味もないただの無用物になってしまう。最後には飼い主に保健所に持ち込まれ、そして、待っているのは安楽死という名の〝死〟です。

犬も家族の一員であったはずなのに。犬はただ、これからもずっと家族の一員として過ごしたいだけなのに……。

楽しかった日々を思い出し、自分の運命を悟りつつも飼い主を待ち続けて死んでいく犬たち。不本意にも死んでいく犬たちは飼い主に尋ねるはずです。

「どうしてこんなことになってしまうの？」と。

あまりにも切ないのですが、これは目を逸《そ》らしてはいけない現実です。

飼い主を最後まで信じて待っている犬たち

飼い主に見捨てられ飼育放棄されて、保健所に連れていかれた犬たちは、絶望感で悲しい顔をしています。

また、それらの犬たちは、首輪をつけた一般家庭に飼われていた犬がほとんどなのです。自分が息絶えるまで決して人間のことを恨まず、信頼して、最後の最後まで尻尾を振って。

勝手な人たちがいるから、いつまでたっても殺処分の犬や猫の数が減らないのです。

もともとは犬が好きだから飼い始めたはずなのに、病気の治療もせず、虐待したりもする。大きくなったから、飽きたから、世話が大変だから、病気になったからという、生きていれば当たり前のことを理由にして、いとも簡単にボロ雑巾のように捨ててしまう人たちがいる。

でも、犬たちは飼い主に捨てられ迷子になろうとも、飼い主に会いたくてあきらめることなく探し続ける。保健所に連れていかれようとも、飼い主が迎えに来てくれると信じていつまでも待ち続ける。裏切られたなんて思いもしない。最後まで飼い主が迎えにくることを信じて、裏切って逃げた人間を待ち続けるのです。

犬の願いはただ一つ、ずっとずっと一緒に、最後のときまで飼い主と一緒にいたい！　それだけです。犬というものは、自分を捨てた飼い主にさえも無償の愛を注ぐ、そんなけなげで忠実な生き物なのです。

犬たちはどんなにつらく過酷な状況や立場に置かれていても、決して生きることをあきらめません。つねに今しか考えず、今のこの瞬間を生きています。どんな重い病気になろうとも、最後の、本当に最後のときまで生きようと努力するのです。

そして何があっても、飼い主を裏切ることはありません。飼い主に裏切られて捨てられても、それでも信じてずっと待っている。無条件に人を信頼してくれるのです。飼い主を信じきって、決して裏切ることのない純粋でひたむきな愛。まっすぐな、最後まで飼い主を信じる目をした犬たちの問いかけに、私たちはなんと答えたらいいのでしょう。


癒《いや》されたいと期待して、動物たちを飼う人がいます。でも、そもそも感情ある動物自体に癒しを与えずして〝癒される〟ことはないのです。それを忘れてはいけません。時には腹も立つこともあるでしょうし、食費や医療費など経済的負担も強いられます。

しかし、その一つひとつに向き合い、覚悟を持ったときに初めて〝動物を飼う資格〟が与えられるのではないでしょうか。

可愛いからと安易に飼い始め、いらなくなったから処分するというまた安易な選択をする。こんなことは絶対にやめてほしいです。〝動物を飼う〟という行為は〝命を預かる〟ということに他ならないのですから。そのことを真剣に受け止めたときに初めて、動物を飼うことができるのだと思います。

動物が好きならば、動物を飼っているならば、〝動物を飼う資格〟について考えなくてはなりません。なかなか難しいとは思いますが、命の重さや責任について、一人でも多くの人に理解してほしいものです。

犬は、あったかくて柔らかい生き物です。命ある生き物だからこそ喜怒哀楽があって、甘えたり、寂しがったり、人と同じような感情があるということを忘れないでください。

絶え間なく、ちぎれんばかりにふり続けた尻尾がパタッと動きをなくし、ただただ一途にあなただけを見つめていたつぶらな瞳がゆっくりと閉じる。やがて、フワフワした毛に包まれていた身体から温もりが消え、そして魂が抜けて、石のように冷たく固くなってしまう。最後に、ずっとそばにいてくれたあなたに「ありがとう」とお別れを告げて……。

その、胸に突き刺さるような声なき言葉で感謝を告げられたとき、命を預かってきた飼い主の責任は終わるのです。そして、飼い主も愛犬に対する感謝の気持ち「ありがとう」を告げるのです。

飼い主としての重い責任を全うしてくれた、ただ一つのお返しとして、犬たちはかけがえのない素敵な思い出の数々を飼い主の心に残してくれるのではないでしょうか。

あなたがいてくれたから、悲しいことやつらいことがあっても、乗り越えていくことができた。そして、あなたがいてくれたからこそ、楽しいことや嬉しいことがあって、たくさんの思い出ができた……。

みなさん、自分のペットを最後まで責任を持って看取ってあげてください。それができないのなら、お願いですから、安易な中途半端な気持ちで飼わないでください。優しくて責任感のある人に最初から飼ってもらえれば、彼らは幸せに一生を全うできるのですから。彼らにも心があります。この世に生まれてきた以上、みんな幸せに生きる権利があるのです。

犬や猫をペットとして迎え入れるということは、その命を自分が預かるのだということを忘れないでください。その犬や猫にとっては、あなたしかいないのですから。

ペットの運命は、あなた次第なのです。

第7章

天国でお母さんと一緒になったポーちゃん

虐待犬ポーちゃんの救出劇

私の素敵な友人Rさんから、感動的ですが、とても切ないお話を聞いたことがあります。そのとっておきのお話を、ここでご紹介しようと思います。

Rさんご自身ではなく、Rさんが生前とても仲良くしていらっしゃったTさんという高齢の女性と、ポメラニアンのポーちゃんとの感動的なお話です。

ポメラニアンのポーちゃんも、Tさんが獣医師のM先生から引き取られたという経緯があります。ポーちゃんには、一歳になるまで、最初の最悪な飼い主がいました。

その飼い主はポーちゃんをずっと虐待していたのですが、ケガをさせても一応は治療に連れていっていたようで、M先生が診療されていました。ところが、その虐待はだんだんとエスカレートしていき、ついに、ポーちゃんは半殺しの目にあってしまうのです。

ある日の夜、M先生の動物病院に「今度こそ犬が死にそうだ」と飼い主から電話がありました。口から泡を吹き、倒れて意識がない。脚の骨が折れていて歩けず、血尿が出ているとのこと。飼い主は四〇歳過ぎの男性でしたが、犬が自分に向かって吠え、噛みつくから、言うことをきかせるために躾《しつけ》として叩いたということでした。

診察すると、飼い主から聞く状況よりもケガがひどすぎる。もっと、蹴ったり殴ったり投げつけたりしているはず。しかもガリガリに痩せているから、餌ももらっていないのだろう。これは、明らかに虐待だ……。M先生はそう判断しました。そして、その夜に、ポーちゃんをそのまま入院させることにしたのです。

それから数日後、飼い主が引き取りにやってきました。

「餌もきちんと与えて、もう蹴ったり殴ったりしないと約束するのなら、渡します。でもまだ、治療は終わってないし、またこんなことになったら、この犬の命が危ない。もし約束できないのなら、私が引き取りたい」と、M先生は申し出られました。

すると、その飼い主は「何言ってんだよ。俺の犬なんだから何をしてもいいんだ！

俺だって反省したし、犬のケガも治ったんだろ。なのに俺からこの犬を奪う気なのか！　いい加減にしろよ！」と逆切れする始末。

その飼い主は、自分が悪いとはさらさら思っていないのです。今返すなんてとんでもないと、先生は、まだ完全に治っていないことを理由に、もう少し入院させることにしました。

その後も、飼い主は何度か引き取りにやってきました。でも、先生はまだ治療が終わっていないから返せないと言い続けました。すると、あきらめたのか、その犬はもういらないから保健所にでも持っていってくれと、電話してきたそうです。

Tさんは、いつもケージの中にいるそのポメラニアンを見ていました。Tさんは当時七五歳を過ぎて高齢でいらしたし、一人暮らしで身寄りがなかったのですが、ぜひとも引き取りたいと言われたのです。

こうして、M先生のもとで命を取り留めて元気になったポメラニアンは、ポーちゃんという名前をつけてもらって、Tさんのもとで飼ってもらうことになるのです。

躾という名の虐待

このように、動物を虐待することは犯罪だとわかっていない人が世の中にはたくさんいます。自分ではそのつもりはなく、無自覚に行っている場合が多々あるようです。いわゆる、躾という名の虐待です。

言うことを聞かないからといって、叩いたり、蹴ったり、投げたりする行為は虐待です。餌をやらなかったりすることも虐待です。

また、虐待を受けた犬が人間に対して不信や恐怖を感じるようになれば、他の人（あるいは子供）にケガをさせる可能性も出てきます。その場合は、損害賠償はもちろんですが、危険な犬を育てたということで、やはり動物愛護法違反になります。最低限度の躾をされ、他人に迷惑をかけない飼い方をすることも飼い主の必須条件です。

犬は褒めてしつけるのがベストだといわれていますが、犬は褒められると嬉しくて、褒められたことを理解できるようになっていくのです。

犬を殴ったり蹴ったりと、体罰で強制的にしつけるのは、犬のしつけ方を知らない方なのでしょう。というよりも、躾という名のもとに、自分の鬱憤《うっぷん》晴らしの標的にしているとしか思えません。虐待は、目には見えない密室で起こります。たいていは明るみに出ることはなく、わかりにくいのが問題です。

悪いことをしても決して体罰は与えずに、威嚇《いかく》するように「ノー」と言わなければいけません。感情にメリハリをつけることで、飼い主が褒めているか怒っているかを犬は感じ取り、覚えていきます。

なかなか言うことを聞かなかったとしても、長い目で辛抱強く待ってあげ、言うことを聞いたときは褒めてあげましょう。犬が安心できるように、たくさん遊んでスキンシップをとってあげることが大事なのです。やはり、躾の基本は、いかに愛情を持って育てていくかではないでしょうか。

あなたは、一日のうちに何度か、愛犬をなでてあげていますか。優しく話しかけてあげていますか。犬というものは、なでてあげたり、話してあげるほどに、純粋な気持ちを飼い主に注いでくれるものです。そういうふうに心を持って接すれば、犬はあなたがいなければ生きていけなくなり、絶対に裏切らないすばらしいパートナーになれるのです。

犬も人間も命あるものには変わりないのですから、人間の子供と同じなのだということを忘れないでください。犬だから、罪にならないから、何をしてもいいなんて道理は絶対にないのです。犬は物ではありません。犬を飼って虐待をするということは、子供を虐待して殺してしまう親と同罪なのです。

そして、犬の寿命はとても短いものです。だから、あなたの愛犬を毎日、そっとなでてあげて、話してあげて、可愛がってあげてください。犬というものはそれだけで幸せな気持ちになれる、そんな忠実な生き物なのですから。

お母さんと力を合わせて生きる

オレはポメラニアン。名前はポーっていうんだ。
一歳になってから、お母さんのもとにやってきたんだ。
それまでの飼い主は最悪で、毎日、生きた心地がしなかったよ。
吠えるたびに怒鳴って、殴ったり蹴ったり。
頭にくるから腕を思いっきり噛んでやった。

そうしたら、前よりも扱いがひどくなっていったんだ。
だんだん、餌がほとんどもらえなくなって、
「お腹がすいたよ」と叫んだら、
「うるせえ！　おまえなんか死んでしまえ!!」と怒鳴って、
もっとひどく、ボコボコに殴ったり蹴ったりして。

しまいには投げ飛ばされて、
オレは意識がなくなってしまったんだ。

その後、病院に運ばれて、オレは生き返ったのさ。
飼い主の奴、先生に怒られてやがる。
オレをいじめるからだ。ざまあみろ。
もうあんな奴のところなんか絶対に帰るもんか！

それから、ケージに向かって話しかけてくる
優しそうなオバサンがよく来るようになった。
そして、そのオバサンはある日、言ったんだ。
「私は、あなたと一緒に暮らしたいの。
うちの子になってくれないかしら？」って。
オレは嬉しくって、尻尾《しっぽ》をブンブンに振って喜んだのさ。

その日のうちに、そのオバサンに引き取ってもらって、
大きな家で一緒に暮らすことになったんだよ。

「あなたは、私にとって息子のようなものだから、
これから、力を合わせて生きていこうね」
って言ってくれた。
やったあ！　オレにも家族ができた。
オバサンは、オレのお母さんになるんだ。
「そうよ、今日からあなたは私の息子になるのよ」
お母さん、ありがとう。
オレも精一杯頑張って、番犬でもなんでもするよ。

今年七五歳を過ぎたお母さんは、ずっと一人で生きてきた。
でもこの日から、もうどっちも一人じゃない。

オレとお母さんとの、助け合って支えあっていく生活が始まったんだ。

ポーちゃん、癌になる

Tさんの息子として暮らし始めたポーちゃんは、とても可愛がられていました。アッという間にお家にも馴染み、自由に駆け回って、そして、よく吠えて番犬として活躍していました。大事にされて、まるで最初からお坊ちゃま育ちだったようにさえ見えて。お母さんの可愛がりようで、愛情の深さがありありとわかりました。

ガリガリに痩せていたポーちゃんは、見る見るうちに太って、毛ヅヤもよくなり元気になっていきました。ドッグフードは嫌いで、大好物はサラミとササミ。食欲も旺盛で、よく食べていました。

お母さんとポーちゃんはずっと一緒、お母さんのそばにはいつもポーちゃんがいる。ポーちゃんがいるお陰で、Tさんは一人暮らしの寂しさなどまったく感じませんでした。

そんなふうに、一緒に助け合って暮らす日々でしたが、それから数年の月日が経ち、あれだけ元気に走り回っていたヤンチャ坊主のポーちゃんに異変が起こります。あまり食べなくなり、よく寝込むようになって、ついに、ほとんど動けなくなってしまったのです。

これはおかしいと、Tさんはあわててポーちゃんを動物病院に連れていきました。そして、ショックなことに肝臓癌と診断されるのです。寝耳に水の出来事でした。「うちの息子を死なせるわけにはいかない。絶対に、どんなことをしてでも助けたい」

Tさんは、先生にお金に糸目をつけないからと、最善の治療をお願いされました。それから、ポーちゃんの壮絶な闘病生活が始まるのです。抗がん剤投与や手術など、治る可能性を信じて、あらゆる治療が施されました。サプリメントも飲ませました。ポーちゃんも、頑張って治療に耐えました。

それから一年、なんとポーちゃんの肝臓癌が奇跡的に治ったのです。ポーちゃんの前向きで、絶対に治って生きていたい、という姿勢に、治療した先生も驚いたそうです。

オレがこの家にやってきて、何日が経っただろう。
お母さんとの生活は、毎日楽しくてしょうがない。
とっても優しくしてくれて、
したいことは何でもさせてくれるんだ。
オレの役割は番犬で、見回りしたりと、けっこう忙しいんだぞ。

お母さんの朝は早い。
テレビをつけて、ニュースと天気予報を見ながら、
たっぷり野菜を入れたお味噌汁を作って。
オレは大好きなサラミやチキンを朝からもらって食べて、
いつもご機嫌なんだ。

こんな生活が続いていたのに、
でも最近、なんだかあまり食べたくないし、
毎日、とっても眠くてしょうがないんだ。

お母さんがあわてて病院に連れていってくれたら、
肝臓に癌ができていたんだって。
場所が悪くて、手術が難しいらしい。
最高の治療はするけど、それが効かなかったとしたら、
もしかしたら、もうすぐ死んじゃうかもしれないって
先生が言ったのが、聞こえたんだ。

お母さんにはオレしかいない。
オレが死んでしまったら、お母さんどうなるのかな？
考えるだけでもゾッとする。恐ろしい。

オレが死んでしまったら、お母さん悲しくて泣いちゃうよな。
これからも、ずっとお母さんのそばにいてあげたいのに。
お母さんを残して死ぬなんて、絶対にできないよ……。

「絶対に、どんなことをしてでも、私があなたを助けてあげるからね。
何も心配しなくていいのよ」
お母さんは、涙を流してそう言った。
だからオレ、苦しくても病気と戦って、絶対に生き抜いてやるって決めたんだ。

それから、最善を尽くしたいろんな治療をしてもらったよ。
何度も痛い注射をされて、気分が悪くなったりもしたけど、
でも、これで治るんだったらと、歯を食いしばって我慢した。

神さまって本当にいるんだね。

オレは恐ろしい病気と戦って、とうとう勝ったんだよ。

すごく頑張ったよね！

お母さんが、オレにしてくれたこと、絶対に忘れない。

助けてくれて、ありがとう。

これからも生きて、お母さんとずっと一緒にいるからね。

ずっと、ずーっと一緒だよ。

今度はお母さんが肺癌に

治療のお陰でポーちゃんは、とても元気になっていきました。毎日、お母さんと一緒に楽しく暮らす日々は続きます。

しかし、それから数年後のこと。終焉は突然に訪れました。

今度は、お母さんのTさんに肺癌が見つかってしまったのです。八〇歳過ぎの高齢とはいえ、どんどん病気は進行していきました。Tさんはご自分の死期を悟ってお られ、ポーちゃんのことをとても心配されていました。

ポーちゃんを残して逝くのは忍びない。死んでも死にきれない。

それから入退院を繰り返し、今度が最後の入院になるだろうというときに、Tさんは思い切って決意するのです。私が死んだあと、ポーちゃんの世話をしてくれる人を見つけなければ……。

それなら、姉妹のように親しくしていた方が一番大切にしてくれると思い、ポーちゃんに三〇万円の持参金をつけて、その方に託されたのです。

「可愛い坊や。私に何があっても、大事にしてもらって生き抜くんだよ」と。

そう願いを込めて。


そして、その後まもなく、Tさんは天国へと旅立っていかれました。

お葬式のとき、ポーちゃんは自宅の玄関につながれていました。何があったのかとキョトンとしながら、でも弔問客に吠えることもなく、ちょこんと座っていたそうです。Rさんは、今でもそのときのポーちゃんの姿をはっきり思い浮かべることができるそうですが、思ったより元気そうで良かった、と思った記憶しかないそうです。

でも、そのあとすぐに、ポーちゃんを引き取った飼い主の方から、Rさんはポーちゃんが突然亡くなったと知らされます。それはTさんの初七日で、大雨が降った日のことでした。ポーちゃんが静かなので見にいくと、もう息をしていなかったそうです。まるで、命を吸い取られてしまったような感じで亡くなっていたと。

前の日には、ふつうに元気でご飯も食べていたのに。あれだけ気丈に生きていたポーちゃんなのに……。でも、亡くなったポーちゃんの顔は、笑ったような表情で、とっても幸せそうだったそうです。

「おばさまは、ポーちゃんを連れていかれたんですね」

Rさんは、お母さんに抱きかかえられて甘えているポーちゃんの姿がフッと見えた気がして、Tさんがポーちゃんを一緒に連れていったことを確信したそうです。Tさんは、可愛いポーちゃんを、この世に残したままにしておけなかったのでしょう。

「本当にあの世に連れていくっていうことがあるんですね。そして、ポーちゃんもそれを選んだのね」

Rさんは、涙を流しながらそう言いました。

Rさんは、Tさんからよくいろいろな相談を受けていたそうです。最後まで、Tさんはポーちゃんを残したままでは、死んでも死にきれないとおっしゃっていたそうです。

「天国で今、仲良く一緒に過ごしているのね」

Rさんは、複雑な気持ちでしたが、これでいいと納得するしかありませんでした。

天国で永遠に一緒

お母さんが入院してから、新しい飼い主の家に保護されて、
お母さんの帰りをここで待つことになった。
新しい飼い主の人は、良くしてくれるけど、
やっぱりお母さんじゃないとダメだ。
お母さんは病気を治して、絶対にまた帰ってくる。

そう思って心待ちにしていたのに。

でも終わりのときは突然にやってきた。
新しい飼い主の人がオレに言ったんだ。
「あなたのお母さんは亡くなったのよ」って。
お母さんが死んでしまった。
そのとき、オレは理解したんだ。
もう二度と、お母さんには会えないんだね。

オレは、ここの家の犬になってしまった。
お葬式のときに小耳にはさんだのだけど、
お母さんは、自分に何かあったときのためにと、
ここの人にすべて託してくれたらしい。
お母さんが託してくれた持参金で、オレを引き取ってくれたんだって。

これまで頑張って病気を治して生きてきたのに、
お母さんが先にいなくなってしまうなんて……。
お母さん、オレを置いて、本当にいなくなってしまったの？
オレはこの先、いったいどうしたらいいの？

ここのみんなも、お母さんと同じように優しくて、
とっても大切にしてくれるよ。
でも、お母さんに、会いたい。
この気持ちだけはどうしても抑えきれない。

オレは、ずっとお母さんのそばにいたい。
いつか、またお母さんに抱きしめてもらうその日まで、
指折り数えて待っているよ。
だから、お母さん。オレのこと、早く迎えに来てね……。

あれから一週間が経って、
今日は、久しぶりにお母さんの家に連れてきてもらったんだ。
大雨が降っていて、とても憂鬱《ゆううつ》な気分だった。

家の中を覗《のぞ》いて見たら、あっ、テレビがついている。
ニュースと天気予報をやってるよ。
もしかしたら、お母さんが帰ってきたのかな。
あっ！　玄関先にお母さんが立っている。

お母さん、帰ってきたの？
「ええ、あなたを迎えに来たのよ。可愛い坊や。さあ私と一緒に行きましょう。
そして、永遠に一緒に暮らしていくのよ」

お母さんがオレに向かって、手を差し延べている。

今、そっちに行くよ。

ああ、夢のようだ。お母さんとまた一緒にいられるなんて。

今度こそは、ずーっと一緒だよね。

嬉しくてしょうがない。

神さま、ありがとう。

ありがとう。

第8章

最後のパートナー

～盲導犬を引退したパーシーの奇跡～

盲導犬の一生

盲導犬《もうどうけん》は、みなさんご存知のとおり、視覚障がい者を安全に快適に誘導する犬です。盲導犬になるまでに、犬たちはさまざまな関門を通らなければなりませんが、盲導犬の育成には一頭あたり四〇〇万円はかかるともいわれています。訓練所で生まれた犬のすべてが盲導犬になるわけではなく、適性を認められて訓練を受けても、そのなかの四割程度しか盲導犬にはなれないのだそうです。

盲導犬をめぐる人たちも、多岐にわたります。繁殖させる「繁殖犬ボランティア」さんから、育ての親の「パピーウォーカー」さん、盲導犬として訓練する「訓練士」さん、そして「ユーザー」さん。それから引退したあと、犬が家族として最後の日々を過ごす引退犬ボランティアである「看取りの親」さん。

盲導犬の一生は、リレーのバトンタッチのように、その段階に応じてたくさんの人の手を経ているということを改めて感じます。

誕生から飼育、訓練、盲導犬としての仕事を経て迎える老後。一頭の盲導犬に関わった人々の気持ちはみな同じで、最後は、穏やかで幸せな老後を送ってほしいという祈りに尽きると思います。引退犬ボランティアは、これまでその盲導犬に関わってこられたすべての方々の思いをも背負うわけです。引退犬を看取るということは、盲導犬と共に生きてきた人たち気持ちに報いることなのかもしれません。

そのような祈りの気持ちは命のリレーのようでもあります。盲導犬が誕生し、幾人もの人の愛情のバトンを渡されながら、そして旅立っていくことに感動を覚えます。

引退犬は老犬ですから、どのくらいの期間一緒に生活できるのかわからないので、引き取ることは、ある意味、とても勇気のいることかもしれません。犬としての本能をほとんど封印される盲導犬は、老いが速いともいわれています。

引き取る時点ですでに高齢なので医療費もかかり、経済的な余裕がなければできません。また、つねに視覚障がい者であるユーザーさんのそばにいたわけですから、家を留守がちにすることもできません。

ただし引退犬でも、なんらかの理由で引き取り先がない場合、出身協会で終生を終えることになってしまうというケースも、時にはあるそうです。盲導犬として人のためにずっと頑張って働いてきたのですから、本当なら最後はみんな、温かい家庭のなかで、幸せな老後をゆっくりと送ってほしいものです。

おかあが今日も悲しんでいる

前置きが長くなりましたが、これからお話するのは、盲導犬として活躍したパーシー号のその後の軌跡、そして奇跡の感動的な実話です。

パーシーの飼い主のミカさんと私（優李阿）は不思議なご縁があって、ひょんなことからお付き合いが始まりました。きっかけは、ミカさんが私にパワーストーンのブレスレットを作ってほしいと言われたことでした。

すると驚いたことに、ブレスレットを作り始めてすぐに、会ったことのないパーシーが私に想念を送ってきたのです。自分が死んでから、おかあがずっと悲しんでいるから、ワタシの気持ちを伝えてほしいと……。


ワタシの名前はパーシー。

一九九六年一〇月三〇日に、兄妹たった二頭で生まれたの。

イエローラブラドールのメス。

自分で言うのもなんだけど、優秀な兄妹だったらしく、二頭とも盲導犬デビューしたのよ。すごいでしょ。

ワタシはいろんな事情があって、三歳過ぎに盲導犬デビュー。

デビューは少し遅めかもしれないけど、
一二歳まで、約九年間、現役でお仕事を頑張ったわ。

そして二〇〇九年七月二日、
引退してからすぐ、一二歳九カ月でおかあの家にやってきたの。

それから、三年半の間、おかあとその家族と一緒に暮らした。
それはそれは、楽しくて幸せな日々だった。

そして二〇一二年一二月一四日、ワタシは死んだの。
泣き虫のおかあは今日も泣いている。
でも、死んでしまったワタシには、何もしてあげられない。
そばに寄り添っていてあげるだけ。
おかあはワタシの存在に何も気づかないけれど……。
だから、ワタシの声が聞こえる人を探して、見つけたの。
おかあがあまりにも悲しんでいるので、
あなたから、ワタシのメッセージをおかあに伝えほしいの。
いつもそばにいて見守っているよって。

じつは、パーシーのこの思いを受け取ったことが、今回、この犬の本を書くきっかけとなったのです。

ここからは、ミカさんに書いていただこうと思います。

天国にいるパーシーへ

私は二〇〇九年七月二日、パーシーのおかあになったのよね。ご縁があってパーシーが家族になってくれて、本当に嬉しかった。

第一印象は、なんて可愛くて知的で綺麗な子なの！　でした。

あなたは、引退犬のボランティアを申し込んで、一年ちょっと待ってようやく来てくれた念願の子。待ち遠しくて待ち遠しくて……。まだ見ぬあなたに、ずっと恋焦がれていた。それくらい楽しみにしていたのよ。

一緒に過ごした三年半の月日は、あっという間に過ぎてしまった。パーシーが亡くなってから、私はショックで抜け殻のようになってしまったの。でもその後、パーシーの差し金かと思えるくらい、いろんな人たちからの支えがあって。そのお陰で、悲しみの淵から脱け出すことができたわ。人は独りではないということを、これほど痛感したことはなかった。パーシー、ありがとう。泣き虫のおかあだけど、もう泣かないよ。

今回、パーシーとの思い出を書かせてもらうことで、気持ちに整理をつけることができたと思う。書いている途中は、徐々に弱っていくパーシーを何度も思い出して苦しくなったけど。でも、見つめ直すことができたからこそ、前に向かってまた歩きだせる気がしてる。

パーシーとおかあとの宝物の、とっても大切な思い出を、これからみなさんにお話するね。パーシーに感謝の気持ちと、追悼の意を込めて。

なぜ引退犬を引き取ったのか

私は小さいころから犬や猫が好きだったけれど、あまり世話をすることもなく、ただ可愛がるだけで、今思えばすごく無責任だったように思います。大人になってからも、自営業をしていた父が倒れたため家を手放すことになってしまい、当時飼っていた犬を知り合いに譲るという悲しい体験をしました。そのことは今でもトラウマになっています。

気になって、手放した犬の様子を内緒で見にいくと、ほったらかしの状態であることを目のあたりにします。水のお皿が空っぽになっていて、散歩もしてもらえず糞尿まみれでした。とても憤りを感じましたが、私は当時、社宅に住んでいたので、どうしても引き取ることができず、何もしてあげられない不甲斐ない自分がとことん嫌になりました。

結局この犬は、動物が大好きな姉が、嫁ぎ先のご両親が動物嫌いなのを説得して、引き取ってくれたのです。だから最期は、姉の腕の中で息を引き取ることができました。それだけが救いでしたが、姉には感謝の気持ちでいっぱいでした。

後悔先に立たずといった感じでしたが、保護犬や引退犬のことがそれからますます気になってきました。罪滅ぼしの気持ちもあって、人間の勝手な都合で不幸になった子を、たとえ一匹でも減らしたい。そういう思いから、とくに盲導犬を引退したリタイア犬について、興味があって、いろいろ調べていました。

人間のために、決して見返りを求めない無償の愛で働いてくれた子たちのために、何らかの役に立ちたい。その気持ちはだんだんと固まっていったのです。小さいころからの償いをしたいという強い思いが、引退犬を引き取るという原動力になったのだと思います。

そして、家族を説得して了解を得ました。我が家にはすでに、野良犬の生んだ保護犬のロッタという犬がいましたし、ほかに保護した猫たちもいました。ロッタはその生い立ちゆえ、臆病な子だったので、果たして引き取る子とうまくやっていけるかと不安でした。でも、相性を見る面接を受けたところ、見事に合格。その後、私は老犬介護のことなど、セミナーを受けて勉強して、パーシーを迎えるための準備をして待っていました。

そして、とうとう一二歳九カ月のパーシーが我が家にやって来てくれました。最初の印象は、やはり本当に老犬という感じで、足腰がかなり弱っていました。でも、我が家に来てから毎日散歩をし、サプリメントを飲ませ続けたら、日ごと足腰も身体全体も元気になっていきました。もちろん不安もありましたが、楽しみもたくさんあり、これから何が起こってくるのかと、ドキドキする毎日でした。

パーシーから最後のパートナー〝おかあ〟ことミカへ

これから、一緒に暮らしていくにあたって、お願いがあります。
ワタシは新しい家族のみんなを大切にすることを約束します。
おかあの家でワタシは家族の一員にしてもらったから、
いつも一緒に過ごしてくれることを望みます。
精一杯家族を大切にしていきます。
お互いに楽しい時間を共有しましょう。

ワタシは、普通の犬としての生き方がよくわかりません。
もし、悪いことをしたら、その場ですぐに叱ってください。
ワタシは恨みを持ちません。人を信頼しきっています。
そして、何が良いのか悪いのかをその都度教えてください。
ちゃんと理解して、同じような悪いことはいたしません。
だから、理解できるまで待ってください。

言葉はわからなくても、何を言いたいのか気持ちはだいたいわかります。
ワタシはそのように、人の気持ちというものを
ずっと考えて生きてきました。
おかあの声は心に届いているから、
言葉にしてどういうことかを話しかけてください。

ワタシにはあなたしかいない。一心同体です。

おかあが悲しければ、ワタシはつらく、
おかあが楽しければ、ワタシは嬉しい。
おかあが幸せだったら、ワタシも幸せなのです。

これまで、長い間ずっと働いてきましたから、
もう身体が老いて、かなりガタがきています。
すでに病気があって、弱ってきているのが自分でもわかります。
高齢だから、あまり長生きはできないかもしれません。
すぐに迷惑をかけることになってしまうかもしれない。
だけど、最後まで一緒にそばにいてほしい。
おかあがいつも一緒にいてくれることが、
最後までワタシを幸せにしてくれることなのだから。

そのかわり、忘れないでほしい。

ワタシはあなたをずっと愛し続けるということを。
それは、ワタシが死んでしまったとしても同じこと。
優しいおかあとの出会いに感謝。
永遠の愛と忠誠を誓います。
ワタシを引き取ってくれてありがとう。

パーシーは、おかあの自慢

パーシーを家に迎えてから、イベントをたくさん用意しました。パーシーのお披露目会に始まり、お誕生日にはワンコのお友達を招いたり、仮装してハロウィンパーティーをしたりと。今までにしたことのないことをさせてあげたかったのです。

でも、人間が大好きになるように育てられたパーシーは、人間のお客様には近寄ってちゃんとご挨拶するのですが、ワンコのお客様はスルー。そして、すぐに私のところに戻ってきてくれて。振り返ればいつもすぐそこにパーシーがいました。

家族やお友達は、「パーシーは、まるで〝おかあの金魚のフン〟だね」と笑っていました。そんなふうに言われるのはとても嬉しく、何よりの私の喜びでした。

パーシーとの思い出は、どれもこれも私にとってはキラキラと輝く大切な宝ものなのですが、一つ、絶対に忘れられない思い出があります。

ロッタとパーシーを連れて、近所をお散歩していたときのことでした。怖がりのロッタがオドオド歩いていると、パーシーは何度も立ち止まって歩調を合わせてくれるのです。そして電柱に行き当たると立ち止まって、電柱があることを私に教えるように見上げ、再び外回りに歩き出すのです。内側が安全でも、一人と二頭で通るのは無理と、咄嗟《とっさ》に判断してのことだと思います。

私を今のユーザーだと思っているんだ……。もう引退したのに、身体がしっかり覚えていて、自然とそういうことをしてしまうのでしょう。こうしてユーザーさんのことをずっと守ってきたんだなと思ったら、感動して泣けてきました。

とはいえ、それからしばらくすると、時には拾い食いをするなど、どんどん自由になっていきましたけれど。でも、それは私の望んでいたことでもあります。そんなことは、現役の盲導犬は決してしてしてはいけない行為だったので、引退してからは、むしろ思う存分に好きなことをさせてあげたかったのです。

パーシーは、散歩のたびに、誰かれとなくよく声をかけられました。「この子は、綺麗だし賢そうだね。品があるし、普通のラブラドールと何かが違うね」と、まったく知らない方に、いつも同じようなことを言われていました。

じつは、私もパーシーには何かしら神々《こうごう》しいオーラのようなものがあるように感じていました。盲導犬としてお仕事をしてきた、自信やプライドが人を魅了するのかもしれません。

いずれにせよパーシーは、人を惹きつける何かを持ち合わせていたのです。思い返せば、その恩恵に私も預かり、おかあと犬好きな人をつなげてくれていたような気がして。そしてパーシーは、ますますおかあの自慢のワンちゃんとなっていったのです。

それと同時に、パーシーが来てから必然的にお出かけすることが多くなったため、それまで寝こみがちで身体の弱い私でしたが、お陰で元気になり、以前ほど寝込まなくなりました。パーシーを飼うことで、私の生活もまったく変わっていったのです。

桜の季節～お花見の想い出～

パーシーが我が家にやってきた二〇〇九年の年から、春になると近所の公園にお弁当を持ってお花見に行ったものです。ロッタは人ごみが怖くて、ガタガタ震えて早く帰りたがっていましたが、パーシーは気持ちのいい場所でのランチがとても嬉しそうで楽しそうで。何でもない普通の光景ですが、そんなパーシーを見ているのが、おかあの幸せでした。

あと何回、こうしてパーシーと桜を見に来れるのだろうと思いながら、また来年の桜も一緒に見ようねと、いつも約束したものです。パーシーが亡くなってからは、思い出が鮮明によみがえってくる桜の季節は、反対に、もの悲しい季節となってしまいました。

料理は、おかあの得意分野。
いつも美味しいご飯を作って、食べさせてくれる。
台所にいて料理している、おかあの姿を見るのが大好き。
何ができるのかなって、楽しみに待っているの。
でもあまり、お野菜は入れないでね。

お休みの日には、ワタシが喜ぶからと、
美味しいご飯をたくさん作って、どこかに連れていってくれる。
ドライブして、あちこち遠くまでピクニックに行って。
川にも泳ぎに連れていってくれたのよ。

綺麗な景色を眺めながら、おかあのお手製のお弁当を一緒に食べた。
とっても美味しかったわ。
たまには、アイスクリームやおやつを買ってと、売店でお願いしてみたり。
毎日、何もかもが、楽しくて楽しくてたまらない。
ああ神さま、ワタシはなんて幸せなんでしょう。
こんな楽しい日々がずっと続いてほしい。
そんなことばかり考えて、幸せを噛み締めていたわ。

桜の季節になると、美味しいお弁当を奮発して作って
近くの公園にお花見に何度か連れていってくれた。
この景色、ワタシもおかあも大好きだった。
桜の季節になると、とっても楽しくて。
おかあも、この桜が満開の公園を歩くときには、
とっても嬉しそうに笑顔でいっぱいだった。

でも、ワタシが死んでしまって、

また桜の季節になると、おかあは、これまでと反対に、満開の桜を見るたびに、とってもとっても悲しそうに涙を流すの。楽しかったお花見の想い出が、鮮明に甦《よみが》ってしまい、切なくなって自然と涙があふれてしまうのって。

ワタシは、どうしたらいいの……。

健康診断で病気が見つかる

家に来たときから、二〜三カ月に一度はパーシーを健診に連れていっていましたが、やはり高齢のせいで身体はかなりガタがきていました。

初めての健診では、膀胱炎に尿路結石、肛門にも腫瘍ができており、経過観察ということに。覚悟はしていましたが、早速大きな医療費が必要になりました。大変でしたが、パーシーが元気な顔を見せてくれることは何にも替えられない幸せでしたので、必死で家計をやり繰りし、どうにか乗り切っていきました。

病院のスタッフの方も、カルテを見てパーシーが盲導犬だったことをご存知で、「本当に、盲導犬っておりこうなんですね。初めて生で見て感動です」と褒めてくださいました。

診察を待っている患者さんのご家族からも、「これまで人間のために尽くしてきてくれて、本当にご苦労さま。余生を幸せにしてもらってよかったね。長生きするんだよ」と言っていただき、なかにはパーシーに手を合わせてくださる方もいらっしゃいました。驚きながらもとてもありがたくて、胸が熱くなったものです。

そして、パーシーが一四歳になった冬、頻繁に下痢をし、脱水症状を起こすようになりました。最初は原因がわからなかったのですが、大学病院で調べてもらうと、お腹に悪性の腫瘍が見つかってしまったのです。

二〇一一年四月三日のことです。私が何よりも恐れていたことでした。余命は半年から一年……。あまりにもショックで、目の前がまっ暗になってしまいました。でも、パーシーには、おかあしかいないのだから、しっかりしなくてはと何とか気を取り直し、病気と闘う覚悟をしました。

このときから、下血や吐血のたびに夜中に病院に駆けつけたりして、以前にも増して、病院に足を運ぶことが頻繁になりました。主治医の先生は、長年にわたってお世話になっており、心より信頼のおける先生でとても頼りにしていました。大変な日々でしたが、先生はいつも親身になって相談に乗って診てくださいました。

命は永遠ではない。わかってはいるけれど、頑張ってくれているパーシーを見ていると、命の期限にどんどん欲が出てしまいます。この幸せな時間がもう少し続きますように、と祈るしかありませんでした。

でも、癌ができているのは手術が危険な場所であること、切り取ったときに癌細胞が飛び散って転移するリスクがあることなど、手術の選択肢はありませんでした。できるだけ進行を食い止める治療をするしか方法がなかったのです。

抗がん剤などと平行して、癌に効くといわれるサプリメントも飲ませました。すると、両方が功を奏したのか、しばらくは癌の進行も遅くなり、容態も落ち着いていきました。

余命宣告より生きていてくれた奇跡

二〇一二年四月、半年から一年と余命宣告を受けて、それから一年が経ちました。見事に乗り越えてくれました。しかし、その年の七月ごろから、暑さのせいもあって急に体力がなくなってきました。そういったことを考慮して、様子がおかしいときには、体力を落とさないように、これまでのようにすぐ病院に行くのではなく、まず電話して相談することになったのです。

ビタミン剤などの点滴や注射を、家でしたほうがよいと言われて、早速してみることにしました。点滴や皮下注射の仕方については、それ以前に受診した際に教わっていたので大丈夫でした。先生は、こんな日が来ることに備えて勧めてくださっていたのです。

最初のころは、けっこうな太さの針をパーシーに刺すなんてとんでもないと思っていたのですが、目の前で苦しそうにしているのを見て、躊躇《ちゅうちょ》している場合じゃないと腹をくくりました。私がやらなくちゃ、誰もやってくれない。パーシーも本当は嫌だったでしょうが、じっと耐えて、スムーズに打たせてくれました。

するとパーシーの様子が全然違ってきました。すぐに効き目が表れて、気分良さそうにご飯を食べてくれたり、表情が生き返ってくるのがわかりました。体調の良さそうな日には、夕方涼しくなってからお散歩に行き、外気浴をさせてあげました。このころは、まだ自分の足で、ゆっくりトコトコ歩いて嬉しそうでした。

主治医の先生は、「パーシーは、お母さんの気持ちに応えて本当によく頑張っているよ。本当にエライね」って労《ねぎら》ってくださって。いつも精神的にも応援してくれて、支えてくださっていました。

また、この毎日の自宅での点滴治療についてお話するうえで、姉の存在も決して外せない、とても大きな助けでした。私の夢で希望でもあった引退犬を迎えることが叶ったときは、誰よりも一番姉が喜んでくれました。そして、それからもずっと支えになってくれました。自宅での点滴治療をするころから、大変だろうと、それ以前にも増してサポートしてくれるようになりました。

姉には、動物に対する姿勢もですが、たくさんのことを教わってきました。私は、見返りを求めない無償の愛で動物に接する、慈悲深い姉の背中を見て育ってきたと言っても過言ではありません。動物たちを愛してやまない、とっても優しい姉。弱い立場のものを、献身的に守ろうとする、その力強さには圧倒されるものがあります。やはり、優しい人は、強いのだということを、姉の生きざまを見て、実感したのです。

パーシーの頑張りはもちろんですが、主治医の先生や姉のサポート、いつも励ましのエールを送ってくれていた犬友達、一番近くで支えてくれていた家族があってこそ、パーシーは余命宣告より長く生きることができたのだと思っています。

やっぱり、人の力は素晴らしい。それらのすべての力が、大きな支えとなってパーシーの命をつないでくれていたのだと確信しています。

奇跡というものは、降って湧いたように起こるものではなく、人がつくっていくものではないでしょうか。〝奇跡〟は〝軌跡〟なのだと思いました。生きたいという思いと、生かしてあげたいという思い。そんな切実な思いがひとつになって生まれた力こそが〝奇跡〟なのだということを、パーシーを通して改めて実感させられました。

この奇跡に感謝の気持ちでいっぱいになりました。感謝してもしきれるものではありません。これからもそのお返しに、ボランティアなど、私にできることを頑張っていこうと心に誓ったのでした。

おかあの誕生日まで生きていて

パーシーの一六回目のお誕生日、二〇一二年の一〇月三〇日が近づいてきました。「神様、お願いです。私の命を分けてあげてもかまいません。どうか、これまで人のために頑張って働いてきたパーシーの命を、もう少し先までつなげて。どうか一六歳のお誕生日を無事に迎えることができますように！」。そう祈りながら、必死で世話をする毎日でした。

そして、ついに願いは叶い、パーシーは無事に一六歳の誕生日を迎えることができたのです。犬友達が来てくれたり、お花が届いたり、みんながお祝いをしてくださいました。パーシーのために腕によりをかけてご馳走を作り、家族みんなでお祝いの食卓を囲みました。命がある喜び、ありがたさをこれまでになく感じた誕生日だったかもしれません。

そして、お誕生日が過ぎた一一月。いつもと変わらない朝だったので、パーシーを少し散歩させていました。道路わきにある花壇でいつものようにクンクンと臭いをかいでいたと思ったら、パーシーが突然倒れたのです。

幸いにも、家に着いてしばらくすると意識を戻してくれましたが、生きた心地がせず、もう片時も離れているのが怖くなりました。この日から家族にも協力体制をとってもらい、一日中二四時間、つねにパーシーが見えるところにいるようにしていました。

パーシーは癌とともに、ひどい歯肉炎にも苦しんでいました。しかし、だんだんと腫れが増してきて、かなり重症になってきました。可哀想に、可愛いパーシーのお顔がお岩さんのようになってしまった。ただ先生がおっしゃるには、感覚が鈍っていて痛みはもう感じてないはず、と。痛みがないことがせめてもの救いでしたが、申し訳ない気持ちでいっぱいでした。

そして、一一月一六日。パーシーは再び倒れ、とうとう本格的に寝たきりになってしまいます。もういつ逝ってもおかしくない状態でした。パーシーの苦しみや痛みを長引かせるだけだと思い、延命措置はしないつもりでいました。

入院させればずっと一緒にいてあげることができないし、そんな寂しい思いをさせたくない。ちゃんと、おかあが看取ってあげる。パーシーに不安な思いをさせないようにそばにいて、最期の時は私の腕の中で送り出してあげると、そう覚悟を決めたのでした。

一二月が近づいても、パーシーは一生懸命に生きてくれていました。

「一二月二日は、おかあの誕生日だからね。パーシーも一緒にお祝いしてよ!」

私は疲れ果ててクタクタになっていましたが、ここまで何かを頑張ったことは、それまでの人生でなかったように思います。

そしてパーシーは、おかあの誕生日も、なんと生きていてくれたのです。自分の誕生日が、これほどまでに嬉しかったことはありませんでした。パーシーが食べられそうなご飯を作って、家族みんなでケーキを囲んでお祝いしました。パーシーに、どれだけ「ありがとう！」を言っても言い足りないくらいでした。

それから日ごとパーシーは、衰弱が激しくなってきました。喜びそうなものをペースト状にしたり粥《かゆ》状にしてスプーンで口に運び、少しでも栄養価のあるものをと、ヤギミルクなども飲ませました。食欲があるというよりも、私が喜ぶからと、おかあのために一生懸命に食べてくれているような感じでした。

「おかあのご飯を食べてくれて、ありがとね」

一生懸命食べてくれるパーシーを見ていると、その痛みや苦痛から早く解放されたかっただろうに、私に見送る覚悟をする時間をくれているようにも見え、胸がいっぱいになりました。

日ごとにパーシーの病状は悪化していき、とうとう最終ステージに上がってしまったようです。主治医の先生に相談して、苦しみだしたら安定剤を打って眠らせることにしました。注射を打って五分もすると、パーシーはスヤスヤと眠り始めます。

もう解放して、逝かせてあげるべきなのではないかと、自分を責める毎日でもありました。でもやっぱり、どうにか生きいてほしい、もっとパーシーと一緒にいたい。その気持ちのほうが勝っていました。苦しむ姿を見ているのはつらかったですが、安楽死という形で私がパーシーの死のタイミングを決めることだけは絶対にできないし、すまいと思っていました。

「最後まで絶対そばにいるからね。おかあが、うとうと眠りそうだったら起こしてちょうだい。一人で黙って逝かないでよ。そうじゃないと、おかあが納得できない。パーシーもおかあも、二人でよく頑張ったねって、そう思えるように、二人で一緒に最後まで頑張ろうね」

私は、パーシーにお願いしました。

パーシー永眠の日

パーシーは、いつ逝ってもおかしくない状態が続いていました。

「今日は、逝かないよね？　大丈夫だよね？」と言いながら、毎朝温かいタオルでお顔と身体をきれいに拭いて。

でも、その日はいつも以上にグッタリしていました。身体をきれいにしたあと、ご飯を食べさせると、ほんの少しですが食べてくれました。そのとき、フッと何だか嬉しそうに笑っているように見えた気がしました。相当苦しいだろうに、そんなときでも笑ってくれるのを見ていたら、守られていたのは私のほうだったのだと、改めて気づいたのです。

でも、もうすぐ神さまのお迎えがやって来る。朝日をキラキラ浴びて輝いているパーシーを見て、確信しました。パーシーも今から逝くと決めたんだ、と。

だんだんと呼吸が速くなってきて、でもやっぱり、なぜだか嬉しそうに笑っているように見えて。それからすぐに、パーシーの魂が抜けていくのを感じました。

そして、フサフサしたシッポがパタッと動かなくなり、おかあだけを追っていたキラキラした瞳は輝きを失っていき、ゆっくりとまぶたを閉じました。大きな身体から温もりが消えて、物のように固く冷たくなっていき……。

亡くなってしまうその瞬間、

「ずっとそばにいてくれて、最後まで大事にしてくれてありがとう」

と、おかあに告げたような気がします。

こうして、とうとう、パーシーは旅立っていってしまいました。

パーシーからおかあへ～最後のメッセージ～

おかあの家族のみんなと暮らして、どのくらいの日々が過ぎたのだろう。

ワタシは、みんなを笑顔でいっぱいにすることができただろうか？

みんなが楽しそうに笑っていてくれるのが、ワタシの最高の幸せだった。
「ありがとう」っていう感謝の気持ちは、
家族のみんなにちゃんと伝わったかな。

ワタシが病気になって、もう長くは生きられないと言われたときから、
おかあはしょっちゅう泣くようになって。
でもね、おかあは泣きながら、ワタシに向かってこう言ったの。
最後まで普通に、その日その日を一緒に、一生懸命に生きていこうと。
ワタシもおかあも、二人でよく頑張った、
そう思えるように、最期まで一緒に頑張ろうねって。

おかあに初めて出会ったときに、
「これまで頑張ってきたのだから、もう何もしなくてもいいのよ。
自由に好きなものを食べて、好きなことをしなさい」

って言ってくれて、すごく嬉しかった。
振り返って考えると、ワタシはとってても幸せだったのね。

ずっと見守ってくれて、
いつも優しく大きな愛で包んでいてくれた。
おかあのおかげで、ワタシはいつも安心していることができたよ。
ワタシはおかあが大好きだった。
叶うものなら、ずっと生きて一緒にいたかった。
そして、見守っていたかった。

だんだん、身体のあちこちが痛くて重くて、
何度も両脚をバタバタさせるけど、思うように動かない。
口も痛くて、息がしにくくなってきた。苦しいよ。
注射もしてもらい、お薬も飲んで、何が何でも生き抜いてやろう、

そう願って頑張ってきたのに。

でも、頑張ったけどダメだ……。
もう、そんなに頑張らなくていいのよって、
おかあがそう言った。
ああ、泣き虫のおかあがまた泣いている。
もう泣かないで。
お願いだから、笑っていて。
ずっと心配かけてごめんなさい。

眼もよく見えなくなってしまったけど、
でも、声はかすかに聞えてくる。
身体中の痛みも苦しみもだんだんとなくなってきた。
本当にすべてが終わってしまうんだね。

おかあが、抱っこしてくれたよ。
おかあの腕の中で、死ねるんだ。
最期は笑ってお別れしよう。
泣き虫のおかあが悲しまないように。
心配しないで見送ってくれることができるように。
ワタシは神さまのもとに帰ります。
大好きなおかあのこと、ずっと忘れないよ。
ずっとずっと。

盲導犬として生きてきて、
いろんな人たちにたくさん支えてもらって。
そして、最後までこんなに愛されて
可愛がってもらって……。
ワタシは、本当に幸せ者でした。

みんな、ありがとう。

二〇一二年一二月一四日一三時二七分、おかあの腕に抱かれたまま、パーシーは旅立っていきました。眠るような、安らかな最期でした。悪化した歯肉炎のせいでお顔は腫れていたけれど、それでも天使のような優しい可愛いパーシーのままでした。

これで、盲導犬の老後を預かったおかあの責任は終わった。そしてパーシーは、かけがえのないとびっきりの思い出を、おかあの心に残してくれました。とっておきの、眩《まぶ》しい宝石のような思い出を。

最後の最後のお別れ

私は自分で想像していたよりしっかりと、パーシーを見送る準備に取りかかりました。というより、可愛いパーシーを綺麗に送り出してあげなくてはと、そのことだけを考えて機械的に動いていたのです。

送り出す日は二日後と決まりました。お花を抱えてすぐに駆けつけてくれた友達や、雨のなかをお別れに来てくれた方もいました。また、ブログで知り合った犬友達からも続々とお花が届きました。友達が友達へと、パーシーの訃報を伝えてくれたのです。パーシーを亡くして悲しみのどん底にいたのに、思いがけない皆様の温かい心遣いに、感動と感激の涙を流していました。

「パーシーだからこそ、こんなにもたくさんのお花が届くんだね。パーシーは、こんなにもたくさんの人たちの心の中に足跡を残していたんだね」と思いながら。亡くなった日から二晩、パーシーに寄り添って眠りました。

茶毘《だび》に伏す日は、朝からズシンと気持ちが重たく塞いでいました。でも、最後までしっかり見送ってあげなくてはいけない。その気持ちだけが、何とか私を動かしてくれていたように思います。

お寺さんに到着して、寝かせていたお布団のままパーシーをお棺に移し、いただいたお花で眠っているパーシーの周りを埋めつくし、お腹が空かないようにご飯も入れて、オモチャも少し持たせました。そして、ギリギリまで可愛いパーシーのお顔をなでていました。

いろいろな思いがいっぺんに押し寄せてきて、声を上げて泣いてしまいました。

そして、それから一時間ちょっと経って、お骨になったパーシーのために、最後にもう一度住職さんがお経をあげてくださるのを待っていたときです。一人の男性に声をかけられました。頭が働かず、瞬時に誰なのかわかりませんでしたが、ビックリしてしまいました。パーシーを我が家にお世話してくださった方だったのです。小さなお骨になってしまったあとでしたが、その方はパーシーに最後のお別れをしに来てくださったのです。

「パーシーを幸せにしてくださって、看取ってくださって、本当にありがとうございました。感謝しています」と言ってくださいました。こんなにも素晴らしい子を託してくださり、しかもそんなねぎらいの言葉までいただけて、私のほうこそ感謝の気持ちでいっぱいになりました。

パーシーがいてくれた三年半は、充実感に満ちた、幸せいっぱいな時間でした。パーシーは、私の人生そのもの、すべてでした。こんな素敵な出会いをくださった神様に、そして、パーシーを愛して可愛がってくださったお友達やすべての方々に感謝します。

おかあからパーシーへ～感謝の気持ちのメッセージ～

盲導犬という大役を終えて、おかあのもとにやってきてくれたパーシー。

おかあにとってパーシーは、まさに神様からの贈りもの。

初めて会ったとき、まるで天使のように見えました。

我が家にやって来てくれて、おかあの人生は明るくなり、心がとても豊かになれました。

引退してからも、病魔と戦いながら三年半も頑張って生きていてくれて。

生きていたいというあなたの気力は、ものすごいものでした。
もう身体がキツいことも痛いこともない、苦しみのない世界にいることでしょう。
最後まで気丈に、本当によく頑張ってくれました。
病気の苦しみから解放された今、
穏やかに、幸せに、毎日楽しく過ごしていますか？

たくさんの人に可愛がってもらって、パーシーも幸せだったかな。

幸せだったことを思い出すとき、そこにおかあはいますか？

気づけばいつもそばにパーシーがいて、それが当たり前だと思っていたのに。

たわいもないことが全部幸せだったと……。

パーシーという存在が消えてしまってから、しみじみと悲しみが込み上げてきています。


最愛のパートナーであり、子供のようなパーシーを失うという現実を目の前にして、私は、ただただ悲しくつらい毎日を過ごしていました。
これからも何気ない表情やちょっとした仕草を思い出しては、
心が寂しく悲しくなり、泣き虫のおかあは涙することもあるでしょう。
楽しい時を分かち合い、心が沈んでいるときには励ましてくれて。
たくさんの愛と勇気をくれたことに、感謝の気持ちでいっぱいです。

この世では、盲導犬という立場から、
思いっきり走ることは、あまりできなかったかもしれないけれど、
「虹の橋のたもと」で、走りたいだけ走り回ってください。

空には太陽があって、鳥が飛んで、お庭には花が咲いていていて。
そしていつもパーシーがいて。
雨の日も風の日も一緒にいて、嬉しいときには共に笑い、悲しいときには共に泣いて。

一緒にお花見した見事な桜。
すべての思い出がキラキラと、宝石のように光り輝いています。
あなたのことを思い出すだけで、涙があふれてくる。
どれだけの時を経たとしても、一緒に暮らした楽しかった日々を忘れない。
パーシーは、おかあの宝でした。
パーシー、心よりありがとう。

あとがきに代えて

この本は、私の周りの様々な境遇の犬たちの声を中心としたエピソードを集めたものです。現実的には悲しい結末が多いのが現状だということは重々わかっていますが、敢えて最後はハッピーエンドとなる話を選びました。でも、私が伝えたかった一番大切なことは、実はそこではないのです。

今回犬に関わる本を執筆するにあたって、あらゆる方面からたくさんのことを調べました。そこには人間と一番密接な関わりのある動物である犬と猫を通して見えてくる人間の姿がありました。犬や猫たちを通して世の中をみると、人間社会の縮図のようなものが、くっきりと浮かび上がってきたのです。

私は、この本を通して犬たちのメッセージを伝えることで、少しでも人間に一番近い存在の犬たちがどうなっているのかを伝えて、一人でも多く、こういったことに意識をもってもらうきっかけになってほしいと願って書きました。

　動物たちの困難な境遇の根底にあるのは、愛の希薄さ、情のなさ、命の軽視…といった病んだ人間社会の人の心の闇です。人の心の醜さが、はけ口として社会的弱者の犬や猫たちに向かってそのシャドウが投影されているのです。そしてそれは、動物たちに対してだけではなく、人間同士であっても、虐《いじ》めという形で、弱い立場のものに向かって起こっています。

　外を歩けば、あちらこちらで目にする犬や猫たちのさまざまな光景があります。それは、散歩中の犬や、家の中にいる飼い猫、そして外で過酷な日々を送っている野良猫たちや外につながれたままの飼育放棄の犬などです。全ての犬や猫たちが幸せな一生を送れるわけではありません。

　これまで人の元で飼われていたというのに、いらなくなったといって飼い主に見捨てられた犬や猫もたくさんいます。そして、彼らの気持ちに関係なく捨てられた犬や猫は、路頭に迷うか、引き取り手がなければ次々と容赦なく殺処分されていきます。

　いずれにしても、空前のペットブームの陰で飼い主から捨てられたりして殺処分されてしまう犬や猫は、動物愛護される方が増えたにしてもまだまだ後を絶ちません。

当たり前のことではありますが、動物を扱う人間の責任感と問題意識を高める必要性が問われているのではないでしょうか。この本を手掛けるまで、犬と猫たちの悲惨な現実を具体的には知りませんでした。というよりも、知りたくなかったのです。可哀想過ぎて、目を覆って背けてしまっていたのです。

もの言えない弱い立場なのだから何をしてもいい。捨てても、虐待してもいい…。罪があるのは人間で、犬には罪がありません。弱いものを虐げるような社会など、絶対にいいはずはありません。因果応報で、人間にしっぺ返しがくるのは当然です。

犬達は飼い主に捨てられ迷子になろうとも、保健所に連れて行かれようとも、飼い主が迎えに来てくれると信じていつまでも待ち続けます。裏切られているだなんて思いもしない。犬という生き物は、裏切って逃げた飼い主を最後まで信じて待ち続ける生き物なのです。

この本に書いている犬たちは、たまたま奇跡的に助かったけれど、たくさんの犬や猫たちは悲しい現実があります。私が今、できていることは、身の周りのごくごく一部に限られていて、本当に微々たるものです。可哀想な犬や猫たちに、何かしてあげたくても何もしてあげられません。本を書いているという立場から、犬たちの心のメッセージと、私自身が闘病生活で死にかけた経験を通してわかった命の大切さをこの本の中で伝えるくらいが関の山です。

世の中には、犬や猫を捨てる人と救って守る人とがいます。最近は守る立場でも、保護犬ビジネスと言って、譲渡に色々問題が生じている場合もあるという話も聞きます。

捨てる人と守る人との、心の持ち方の決定的な違いは、愛の存在なのではないでしょうか。心に愛があるかどうかで、その人の器の大きさが決まり、必然的に言動が決まってくるはずです。

心に愛がある人は、慈しみの心があり、命を大切にします。犬や猫を守る人は、心に愛がある人です。そして、目の前にある犬や猫の命を、何とかして救うことを最重要視します。今、自分がどうにかしなければ、この子たちの命がなくなってしまう…。そんなことは絶対に許せない。どうにかしないといけない。そんなふうに、守る人たちは、器量や商品価値など目に見える表面的なものではなく、目には見えないけれど最も大切な、命そのものを見ているのです。

反対に、犬や猫を安易に捨てる、もしくはぞんざいに扱う人は、心に愛がない人といっても過言ではありません。愛がないからこそ、自分の勝手で平気で命あるものを捨てる、そんな無慈悲なことができるのでしょう。愛をもって飼っていたのならば、普通なら情が湧いてきて、平気で手放すことなんてできないと思います。そういった愛のない人は相手が人間でも同じような非人情なことをするでしょう。

心を持っている動物たちをきちんと飼えない人には、最初から飼う資格がありません。自分本位でしか物事を捉えることしかできず、表面的な価値でしか判断できないはずです。命の大切さなんてこれっぽちも感じていないでしょう。心に愛がない人は、死んでいるも同然なのです。

古代ギリシャの医学の父、ヒポクラテスの有名な言葉があります。

The soul is same in all living creatures, although the body of each is different.

Hippocrates
（其れ其れの形は違っていても、生き物には全て全く同じ「魂」が宿っている。すべての生きとし生けるものの魂はまったく同じである。それぞれの身体は異なっていても。）

動物も人間も、命の重さは同じなのです。不幸になるために生まれてくる命などありません。みんな幸せになりたくて、この世に生まれてくるのです。

犬や猫たちのことをよく知り、きちんと最後まで愛情を持って飼ってくれる飼い主が増え、一匹でも多くの犬や猫たちが救われますように。この本が不幸な犬や猫たちを少しでも減らすきっかけになってくれることを心より祈ります。

そんな思いを込めて、この犬たちの物語を終わりとします。

犬たちの心の声が教えてくれること

著　者　ゆりあ 優李阿
発行者　真船壮介
発行所　KKロングセラーズ
東京都新宿区高田馬場4-4-18　〒169-0075
電話（03）5937-6803（代）
https://www.kklong.co.jp/

印刷・製本　中央精版印刷（株）
落丁・乱丁は取り替えいたします。※定価と発行日はカバーに表示してあります。
ISBN978-4-8454-2540-2 Printed In Japan 2024

本書は2014年12月に出版した書籍を改題改訂して新たに出版したものです。